中学校社会サポートBOOKS

Performance Task

中野英水

パフォーマンス課題を位置づけた中学校地理の授業プラン&ワークシート

明治図書

はじめに

　いよいよ中学校でも，新学習指導要領の完全実施である。移行期間中は，多くの先生方が新学習指導要領を念頭に置いた単元指導計画や授業の開発を行ってきたかと思う。

　ご承知の通り，新学習指導要領では，育成すべき資質・能力を「三つの柱」で示している。このことは，「知識・技能の習得」「思考力・判断力・表現力等の育成」そして「学びに向かう力・人間性等の涵養」をこれからの時代に必要となる資質・能力として，その育成を目指していることを意味する。この資質・能力を育成するために，日々の授業を「何を学ぶか」といった内容面と，「どのように学ぶか」といった方法面の両方から工夫・改善していくことが明確に示されたのである。

　日々の授業開発では，この「大きな三角形」を意識しつつ，知識の伝達に偏ることはもちろんのこと，アクティブ・ラーニングの言葉が独り歩きした授業展開にならぬよう，そして，「学びに向かう力・人間性等の涵養」も忘れない，時代の変化を意識した単元指導計画の立案，そしてそれに基づく授業の展開が求められる。

平成20年版学習指導要領・改訂の経緯：21世紀は，新しい知識・情報・技術が政治・経済・文化をはじめ社会のあらゆる領域での活動の基盤として飛躍的に重要性を増す，いわゆる「知識基盤社会」の時代であると言われている。このような知識基盤社会化やグローバル化は，アイディアなど知識そのものや人材をめぐる国際競争を加速させる一方で，異なる文化や文明との共存や国際協力の必要性を増大させている。

前提となる社会状況が大きく変化し，学習指導要領も背景が大きく変容

平成29年版学習指導要領・改訂の経緯：今の子供たちやこれから誕生する子供たちが，成人して社会で活躍する頃には，我が国は厳しい挑戦の時代を迎えていると予想される。生産年齢人口の減少，グローバル化の進展や絶え間ない技術革新等により，社会構造や雇用環境は大きく，また急速に変化しており，予測が困難な時代となっている。また，急激な少子高齢化が進む中で成熟社会を迎えた我が国にあっては，一人一人が持続可能な社会の担い手として，その多様性を原動力とし，質的な豊かさを伴った個人と社会の成長につながる新たな価値を生み出していくことが期待される。

大きな社会の変化に対応して改訂された新学習指導要領

このように新学習指導要領では，劇的に変化する予測不可能な社会情勢の中で，たくましく生きていくための資質・能力としての三つの柱や，主体的・対話的で深い学びを実現する授業改善が求められている。これからはこのことを意識した単元構成を考える必要があるだろう。

　1つの単元は，社会や学習に対する関心や意欲を土台として，必要な知識や技能を習得し，それを活用しながら社会的な課題解決を思考・判断し表現する中で，よりよい社会を築こうとする態度を養っていくという流れが考えられる。こうした学習を一体的に評価することは，もはやペーパーテストでは不可能である。学習指導が変われば学習評価も変わるということで，今，新しい学習に適した新しい学習評価の研究が始まっているのである。

　これからの学習は，知識や技能の習得のみならず，これを活用して思考・判断・表現し，よりよい社会や世界の実現に向けての主体的な態度を育成していくのであるから，特定の部分だけを見取って評価する方法ではなく，単元構成全体を反映した総括的な評価方法が必要になる。平成28年12月に出された中央審議会答申では，「資質・能力のバランスのとれた学習評価を行っていくためには，指導と評価の一体化を図る中で，論述やレポートの作成，発表，グループでの話合い，作品の制作等といった多様な活動に取り組ませるパフォーマンス評価などを取り入れ，ペーパーテストの結果にとどまらない，多面的・多角的な評価を行っていくことが必要である」としており，評価方法の転換とパフォーマンス評価の有効性を示している。

　ここで，改めてパフォーマンス評価とは何か，ということについて確認しておきたい。パフォーマンス評価については，京都大学大学院の西岡加名恵先生を始め，尊敬すべき先生方の素晴らしい研究が進められているが，ここでは，それらの研究の成果に生徒を直接指導する現場教師としての私の経験からの解釈を交えながら論じていきたい。

　パフォーマンス評価は，パフォーマンス課題とルーブリック（評価の指標）を生徒に示して課題に取り組ませ，示したルーブリックに基づき評価する評価方法の総称である。それぞれの言葉の解釈は，以下の通りである。

「パフォーマンス評価」
　観察・対話・実技テスト・自由記述による筆記テストなどを手がかりとして，知識や技能の活用を含めた思考力・判断力・表現力及び態度などを総括的に評価する評価方法。

「パフォーマンス課題」
　パフォーマンス評価を実施する際に提示する，具体的な事例を設定して構成された学習課題。習得した知識や技能を総合して活用する要素を含む。

「ルーブリック」
　パフォーマンス課題に含めた知識や技能の活用を見極めるための要素を含む記述から構成されている評価の指標。

（先行研究をもとに，筆者が解釈）

ここで注意してほしい点は，パフォーマンスという言葉である。パフォーマンスという言葉からは，生徒の活動を連想してしまいがちだが，この言葉に込められた意味は，それだけでない。**パフォーマンスとは，知識や技能の活用を含めた思考力・判断力・表現力や態度を総括的，一体的に発揮した生徒の活動を意味すると**，筆者は解釈している。

　つまり，パフォーマンス評価とは，体育や音楽などの実技教科で行われているような実技テストとは異なる，学習活動の総括的な評価ということである。例えば，音楽における歌唱の実技テストは，生徒の歌唱の技能や歌唱による表現力を見取るテストであり，音楽の授業における総括的な評価ではない。しかし，ここでいうパフォーマンス評価は，その単元やこれまでの学習の成果を生かし，知識や技能の活用を含めた思考力・判断力・表現力や態度を総括的，一体的に評価する評価方法なのである。新学習指導要領が完全実施となった今こそ現場での評価方法を大きく見直し，パフォーマンス評価を導入していくときである。

地理的分野のパフォーマンス課題

　地理的分野は総時数115時間を世界と日本の地域構成２，世界各地の人々の生活と環境１，世界の諸地域６，地域調査の手法１，日本の地域的特色と地域区分４，日本の諸地域７，地域の在り方１の計22単元で構成した。パフォーマンス課題の設定に関しては，各単元で様々な工夫を凝らしている。以下にその一部を紹介する。

　地理的分野最初の単元である世界と日本の地域構成では，世界の地域構成に着目して夏季オリンピックの開催地を決めるパフォーマンス課題や，時差を活用して支社をどこにつくるかというパフォーマンス課題とした。多岐にわたる学習内容を生かしたり，新学習指導要領の改訂のポイントに配慮したりした課題となっている。これらの課題に取り組むことにより，地理学習の初期段階から地理的な技能を活用する力を養いたいと考える。

　地理学習の中核となる世界の諸地域及び日本の諸地域では，それぞれのパフォーマンス課題が羅列されるのではなく，個々の課題が単元全体で一体となって，生徒の資質・能力の育成を実現することを目指した。例えば，世界の諸地域では，いきなり考察を論じさせるのではなく，首相の最初の訪問先を決める（アジア州），自由研究の概要を考える（ヨーロッパ州），募金活用の優先順位を考える（アフリカ州）というように，発達段階に応じて考察や表現の質を深めていく工夫をした。また，日本の諸地域では，豊予海峡ルートの建設（中国・四国地方），京都にパリ風の橋を架ける（近畿地方），首都直下型地震に伴う課題と対策（関東地方）など，実際に存在する地域的な課題を題材とするパフォーマンス課題を設定して，課題に真正性をもたせ，実社会で生かせる課題解決力の育成をねらった。

　地理的分野の学習では，地理的な見方・考え方を働かせながら地域的特色や課題を追究し，それらの学びを生かしながら最終単元の「地域の在り方」において地域のこれからを構想する

パフォーマンス課題で締めくくる。一連のパフォーマンス課題に取り組みながら各地域の本質的な特色や課題を追究しよりよい地域の在り方を構想する資質・能力が育成されることを望んでいる。

本書をお手にされた先生方へ

　前書『パフォーマンス課題を位置づけた中学校社会の単元＆授業モデル』の発刊から 2 年，多くの先生方にご拝読いただき，また多数のご反響，ご要望も寄せていただきましたことに，厚く御礼を申し上げます。パフォーマンス評価については，各種の学会や研究会でもさらに議論が深まっております。それだけ先生方の関心が高いものなのだろうと考えます。それゆえにパフォーマンス評価について，「パフォーマンス評価とはどのようなものなのか」「パフォーマンス評価を普段の授業の中でどのように実施したらよいか」といった声も多く聞かれます。本書は今，話題となっているパフォーマンス評価を現場目線で捉え，学校現場の状況に即した授業プランを提示したものであります。本書の特色の一つとして，今回は三分冊にして地理，歴史，公民 3 分野の全単元を網羅いたしました。本書をお手に取った先生方の，思うがままの単元からご覧いただきたいと思います。今，先生方が実践されている単元のパフォーマンス課題を生かして，本書を実践的活用本としてお使いいただけたならば幸いです。

　また，ワークシートについても，各単元 2 ページを当てて示しました。このワークシートは，単に設定されたパフォーマンス課題に回答させるだけではなく，課題を考察するために必要な知識を整理・分析し，そこから課題の解決に迫れるような流れを意識して作成しています。生徒の思考の流れを見取る手立てとなるよう工夫しました。パフォーマンス課題は，単元の学習をまとめ上げる総括的な課題であります。回答を表現する部分だけでなく，パフォーマンス課題に回答するまでのプロセスの部分もぜひご活用いただきたいと思います。

　また，本書は，教育についての研究者ではなく，毎日生徒の前に立って実際に授業を行っている現場教師が執筆したという点も，特色かと考えております。様々な研究の視点から見れば拙い部分や簡略化した部分も多いかと思いますが，一人の授業者が，現場の中で実際に授業を行うことを前提として執筆いたしました。明日の授業で，すぐに使えるものを集めました。多忙な中でも教材研究を熱心に行う全国の先生方のお役に立てることを願っております。

　最後に，本書の発刊にあたりましては，豊島区立千登世橋中学校主幹教諭の鈴木拓磨先生，港区立高松中学校主幹教諭の藤田淳先生，中野区立第七中学校主幹教諭の千葉一晶先生に多大なるご尽力をいただきました。これまで多くのご実践やご発表の経験をもち，中学校社会科教育の分野ではまさに最前線に立つ新進気鋭の 3 人であります。中学校社会科教育のみならず，所属校や所属地区のお仕事も多忙な中，玉稿を頂戴することができましたことを，この場をお借りいたしまして厚く御礼を申し上げます。

本書の使い方

　本書は各単元とも，基本的に6ページ構成となっており，どの単元も同様の項目立てとしてある。それゆえに本書は冒頭から読み進めなくても，読者の任意の箇所から読んでいただける。また，地理，歴史，公民の各巻とも同様の構成としている。現場の先生方の状況に合わせて，必要なときに，必要なところからご活用願いたい。

　すぐ手の届くところにおいていただき，ふとしたときにすぐに手に取ってページをめくっていただけるような日常的な使い方をしていただければ光栄である。一読した後は書棚を飾る愛蔵版ではなく，いざというときにすぐに手に取っていただける活用版としてお手元に備えてほしい。

（1）生徒に身につけさせたい力

　ここでは，学習指導要領に示されている単元の位置づけや主なねらいなど，その単元の設定について示してある。筆者の解釈も含めながら，その単元が中学校社会科各分野の中でどのような位置づけで，どのような意味をもつ単元なのか，そこからこの単元の学習では，どのような力を生徒につけさせるのかといったことを論じている。必要に応じて学習指導要領解説とも見比べながらお読みいただきたい。この部分が，授業づくりの軸となるところである。

（2）単元の目標

　学習指導要領に示されていることに基づき，各単元における「知識及び理解」「思考力，判断力，表現力等」「学びに向かう力，人間性等」の三つの柱を整理して作成した。生徒につけさせたい力とも関連しながら，その単元における目標を明確に示した。単元指導計画を作成する際は，ここの記述を実現するような単元構成を考えてほしい。また，単元を貫く問いを設定する場合は，この目標を十分に意識したものでなければならない。なお，本書では三つの柱に合わせてそれぞれに目標を立てるのではなく，すべてを含めた文章スタイルで示すこととした。

（3）単元の評価規準

　その単元における三つの柱を基にして，「知識・技能」「思考力・判断力・表現力等」「主体的に学習に取り組む態度」の三観点で評価規準を設定した。作成にあたっては，新学習指導要領の内容に示されていることに基づきながら，単元全体の学習を見渡して作成してある。次ページにある単元の指導計画に示された評価も，この評価規準を受けてのものである。

　目標—指導—評価の一体化の視点からも，前述の生徒につけさせたい力や単元の目標との関係性を重視しながら評価に際しての規準を示した。

（4）単元の指導計画

　単元の構成を表組で示してある。各単元の配当時数は，地理115時間，歴史135時間，公民100時間を基に，軽重をつけて配分してある。表組には，主な学習内容と評価規準を示した。紙面の都合上，詳しく掲載することができなかったが，それぞれの授業について，また単元の学習の流れについて示した。また，各授業での学習活動に合わせて具体的な評価の規準を並行して示してある。前述した単元の目標を念頭に置きながら，各授業での学習活動やその評価を総合的にイメージしながら毎時の授業をつくっていってほしい。なお，「主体的に学習に取り組む態度」については，長いスパンで見取り評価することになっているため，特に記載が必要なところ以外は掲載していない。各単元や，関連する単元のまとまりの中で，単元の評価規準に示された観点で「主体的な学習に取り組む態度」を評価するものとする。

（5）授業展開例

　ここが，本書の中核となる部分である。この部分では，パフォーマンス評価を実施する授業について詳しく述べてある。まず，パフォーマンス課題とルーブリックを掲載した。

　パフォーマンス課題は，様々な設定を構想してある。生徒には，課題に設定してある様々な立場になりきって，課題を考えてほしい。本書の設定は，かなり空想に近いものもある。パフォーマンス評価の研究では近年，真正性が重視されてきている。もちろん反論は一切なくその通りであると筆者も考えているが，本書ではあえて空想に近いものも掲載した。その意図は，本書が実際の現場で活用されることを考えているからである。まずは課題に対する生徒の興味・関心を高めることをねらった。筆者も実際の授業でこのようなパフォーマンス課題を実施しているが，無味な学習課題よりも生徒の関心度，取り組み度は高いと感じている。また，ストーリーの中に課題を実施するまでの学習の整理や，そこで得た知識や技能を活用させる要素を盛り込んでいる。ストーリーを読む中で学習を振り返り，学習で得た知識や技能を活用させてしまうのである。単元の学習の総括的な評価としての位置づけであるパフォーマンス評価という点を重視した。

　ルーブリックについては3段階の評価とした。先行研究では評価の段階をもっと細分化してあるものも多く見られるが，本書は実際の学校現場ですぐに活用できるものをというコンセプトのもとに作成した。多くの場合，評価は授業者一人が校務の合間の中で行っている。現場の教師が実際に無理なくできるものという観点から3段階とした。もちろん3段階が絶対というわけではない。本書を活用される先生ご自身の状況に合わせて例えば，B評価をさらに2段階に分けて評価するなど細分化されてもかまわない。指標となる文脈もアレンジされてもかまわない。生徒や学校，授業者の実態に合わせてご活用いただければと思う。

　また，評価の尺度となる記述語も，より実際の現場で活用しやすいものとした。例えば，B評価に観点を設け，生徒の作品を点数化しやすくした。またA評価にはあえてあいまいな表現

を入れて，数値的には B だが，内容的には A といった状況でも対応しやすいように配慮した。

（6）授業の流れ

　パフォーマンス課題を実施する授業の流れを，導入，展開，まとめという 3 段階でお示しした。流れだけにとどまらず，授業における留意点やポイント，工夫などが示されている。後に掲載したワークシートと併せてご覧いただきたい。

　また，課題の論述に入る前の整理や分析の過程についても丁寧に説明した。単元をまとめる授業としての位置づけが多いかと思うが，単元の学習を上手に振り返らせながら，パフォーマンス課題に向かう授業の流れをつくっていただきたい。

（7）評価基準の具体例

　生徒の成果物をルーブリックに基づき評価するといってもなかなか難しい。成果物は論述されたものであり，こうだったら A，こうだったら B といった評価の実感がなかなかわいてこないというのが，パフォーマンス評価のお悩みであろう。それゆえにパフォーマンス評価を敬遠されている先生方も少なくない。

　そこで，先に示したルーブリックに基づき，A や B 評価と判断される具体例を示した。一つの作品として捉えてもらい，具体的な評価の基準としてご活用いただければと考える。

（8）ワークシート

　今回のもう一つの中核が，このワークシートのページである。今回はパフォーマンス課題を実施するすべての授業について，ワークシートを掲載した。明日の授業ですぐに使えるくらいの実践的，現実的なワークシートである。このまま印刷してお使いいただけるようなものを考えた。また，サイズも見開きで 2 ページを基本として，授業で扱いやすいものをねらった。

　以上が，本書の各単元の構成と使用法である。実際にそのまま活用できるということを考えてきたが，もちろんお読みいただいた先生方の思いやご実情もある。本書に掲載してあるものをそのまま使わなければならないということは一切ない。先生方の思いやご事情に合わせて，一部をアレンジしてお使いいただくのもありである。「本に出ているルーブリックはこの観点だったけど，自分はこちらの観点に入れ替えてやってみる」「本に出ているワークシートはこうだったけど，自分はこれを追加してみる」といったアレンジは大いに結構である。また，お若い先生方で，「初めはよくわからないから本の通りやっていたが，段々と理解が進みアレンジを加えるようになった」ということも結構である。本書が現場でのパフォーマンス評価実施のきっかけとなり，授業改善が進めば嬉しい限りである。現場の教師が現場の教師に向けて，授業がよくなる，先生がよくなる，そして生徒がよくなることを願い本書を執筆した。

CONTENTS

世界の地域構成から
夏季オリンピック開催地を考えよう

生徒に身につけさせたい力

　本単元は，中学校に入学した生徒が，初めて地理的分野の学習に触れる単元である。これから始まる地理的分野の学習の導入として，小学校での学習の成果を踏まえながら世界の地域構成を大観する学習を通して，世界各地における諸事象や地域的特色を理解する際の座標軸となる視点や方法などを養うことをねらう。

　本単元の学習では，位置や分布という地理的な見方・考え方の基本を働かせながら，世界の地域構成を大観し理解するとともに，世界の地域構成の特色を多面的・多角的に考察し，その成果を表現する力を養う。

単元の目標

　位置や分布という地理的な見方・考え方の基本を働かせながら，大陸と大洋の分布，緯度と経度，主要な国の位置と名称など世界の地域構成を大観し理解するとともに，世界の地域構成の特色を，大陸と大洋の分布や緯度と経度，主要な国の位置と名称などに着目しながら多面的・多角的に考察し，その成果を表現する。

単元の評価規準

知識・技能
・位置や分布という地理的な見方・考え方の基本を働かせながら，大陸と大洋の分布，緯度と経度，主要な国の位置と名称など世界の地域構成を大観し理解している。
思考力・判断力・表現力
・世界の地域構成の特色を，大陸と大洋の分布や緯度と経度，主要な国の位置と名称などに着目しながら多面的・多角的に考察し，その成果を表現している。
主体的に学習に取り組む態度
・世界の地域構成の特色に関心をもち，大陸と大洋の分布や緯度と経度，主要な国の位置などから生じる課題を主体的に追究し，解決しようとしている。

単元の指導計画

時	主な学習活動	評価
1	**◆六大陸と三海洋** 地球儀や世界地図を活用して大陸や大洋の分布とその名称を理解するとともに大きさの比較や分布の特色を考察し，表現する。また，大陸の分布と比較しながら州の分布や名称を確認する。	・地球儀や世界地図を活用して大陸や大洋の分布とその名称，分布の特色などを理解している。（知技） ・理解したこと基に，大陸の大きさの比較や大陸の分布，大陸と海洋と面積や分布の特色などを考察し，表現している。（思判表）
2	**◆世界の国々** 面積や形，人口，海との接触，様々な視点から世界の国々を確認し，その位置と名称を理解するとともに，統計資料を活用して数値的な面から世界の国々を調べ，その結果を表現する。	・面積や形，人口，海との接触，様々な視点から世界の国々を確認し，その位置と名称を理解している。（知技） ・統計資料を活用して数値的な面から世界の国々を調べ，その結果を，図表などを用いて表現している。（思判表）
3	**◆緯度と経度の仕組み** 緯度と経度，緯線と経線の仕組みを，地球が球体であることに着目しながら理解するとともに，緯度や経度を活用して地球上の任意の地点を示し，表現する。	・緯度と経度，緯線と経線の仕組みを，地球が球体であることに着目しながら理解している。（知技） ・緯度や経度を活用して地球上の任意の地点を示し，表現している。（思判表）
4	**◆地球儀と世界地図** 球体である地球の表面を平面に表す方法を考察する中から，世界地図の長所や短所を多面的・多角的に考察し理解するとともに，様々な世界地図を比較し，適切な使用法について考察し，表現する。	・球体である地球の表面を平面に表す方法を考察する中から，世界地図の長所や短所を多面的・多角的に考察し理解している。（知技） ・様々な世界地図を比較し，適切な使用法について考察し，表現している。（思判表）
5	**◆世界の地域構成の活用** 夏季オリンピックが南半球の都市であまり開催されていない理由を，これまでの学習の成果を生かして考察し，その成果を適切に表現する。	・既習事項を活用し，南半球の特色に着目しながら，様々な地理的な事象に照らし合わせて妥当である理由に基づいて説明している。（思判表）

授業展開例（第5時）

（1）パフォーマンス課題

> 　もうすぐ夏季オリンピック東京大会が開催されるということで，弟の小学校では，今年の夏休みの自由研究として，夏季オリンピックについて自由に調べる課題が出されました。弟は，さっそくこれまで開催された夏季オリンピックについてインターネットで調べたところ，夏季オリンピックの大半が，ヨーロッパ州や北アメリカ州で行われていることがわかりました。
>
> 　なぜ，その他の地域での開催が少ないのかを疑問に思った弟は，中学生である私に協力を求めてきました。私は学校で使っている地図帳を広げ，夏季オリンピックが開催された都市の場所を調べていき，南半球で夏季オリンピックの開催が少ないことに気づきました。さらに夏季オリンピックの開催地を調べていくと，南半球の都市での開催が過去3回あることがわかりました。実施された都市は以下の通りです。
>
> | 開催年 | 都市名 | 開催期間 | 都市の緯度 |
> |---|---|---|---|
> | 1956 | メルボルン | 11/22～12/ 8 | 南緯38度 |
> | 2000 | シドニー | 9 /15～10/ 1 | 南緯34度 |
> | 2016 | リオデジャネイロ | 8 / 5 ～ 8 /21 | 南緯23度 |
>
> 　私は，この結果や地理の授業で学習したことなどを参考にして，弟とともに夏季オリンピックが南半球の都市であまり開催されていない理由を考え，これを，自由研究の成果として発表することを提案しました。
>
> 　この兄弟になりきって，夏季オリンピックが南半球の都市であまり開催されていない理由を，これまで学習してきたことを活用して考えましょう。

（2）ルーブリックとその文例

	パフォーマンスの尺度（評価の指標）
A	・既習事項を活用し，南半球の特色に着目しながら多面的・多角的に考察し，地理的な事象に照らし合わせて妥当である複数の理由に基づいて説明している。
B	・既習事項を活用し，南半球の特色に着目しながら地理的な事象に照らし合わせて妥当である一つの理由に基づいて説明している。
C	・地理的な事象に照らし合わせて妥当であるとは言いがたい要素が含まれている。

（3）授業の流れ

①導入

　導入では，本単元で学習した大陸と大洋の分布，緯度と経度，主要な国の位置と名称など世界の地域構成について振り返る。大陸と大洋の分布や緯度と経度についてはワークシートの確認課題を活用しながら，適宜知識の補足を行う。主要な国の位置と名称については州ごとに主要な国を発表させるなどの学習活動を行う。国名を発表した際には首都名も答えさせるなど，世界の主要都市にも注目させる。

②展開

　一通りの確認が終わった後，パフォーマンス課題を提示して取り組ませる。課題では，夏季オリンピックが南半球の都市であまり開催されていない理由を考察させるものであるが，この課題を通じて南半球の地理的な特色を捉え，その特色が社会活動に影響している様子を実感させたい。ワークシートの前半で行った学習活動を応用しながら，南半球の地理的な特色に迫らせる。考察した結果は，文章でしっかりと記述させる。記述することによって考察した結果を整理し，再構成させることをねらいたい。

③まとめ

　回答は，口頭発表させる。述べられた理由は，一通り板書していく。南半球は，北半球と季節が逆になり7〜8月頃は冬であること，南半球は大陸の分布が少なく，主要な国や大都市などが比較的少ないこと，などが挙げられればよいだろう。時差との関係など理由としてふさわしくないものなどが出された場合でも，すぐに否定せず，妥当ではない理由を考えさせながら意見を交流していく。実物投影機などが使用できる環境であれば，生徒の記述を表示しながら進めるとなお効果的である。

評価基準A・Bの具体例（3の論述）

　（評価基準Aの具体例）近年は7〜8月の期間に夏季オリンピックが実施されているが，北半球と南半球とでの季節の違いがあり，南半球では7〜8月が冬となってしまうために夏季オリンピックの開催が難しいから。また，地球上の大陸の分布は北半球の方が多く，南半球は，主要な国や大都市の数が北半球に比べて少ないことなどから，夏季オリンピックは，南半球の都市ではあまり開催されていないと考えられる。

　（評価基準Bの具体例1）近年は7〜8月の期間に夏季オリンピックが実施されているが，北半球と南半球とでの季節の違いがあり，南半球では7〜8月が冬となってしまうために夏季オリンピックの開催が難しいから。

　（評価基準Bの具体例2）地球上の大陸の分布は北半球の方が多く，南半球は，主要な国や大都市の数が北半球に比べて少ないから。

世界の地域構成から夏季オリンピック開催地を考えよう

1 単元の学習を振り返って

①大陸と海洋，州

・世界は（　　）の大陸と（　　）の海洋から成り立つ・大陸は（　　）の州に分けられる。

大陸の名前			
海洋の名前			
州の名前			

②緯度と経度

　以下の空らんに語句や数字を入れながら，緯度と経度の仕組みを理解しましょう。

　　緯度は，地球の中心から地表に向かう方向から見て地球を（　　　）に分ける角度のことです。中心となる（　　　）を0度として（　　　）に（　　　）度ずつ分けられます。緯度は，（　　　）よりも北側を（　　　），南側を（　　　）といいます。同じ緯度を結んだ線を（　　　）といい，すべて赤道と平行です。また，経度は，地球の中心から地表に向かう方向から見て地球を（　　　）に分ける角度のことです。中心となる（　　　　　）を0度として東西に（　　　）度ずつ分けられます。経度は，（　　　　　）よりも東側を（　　　），西側を（　　　）といいます。同じ緯度を結んだ線を（　　　）といい，すべて南極と北極を結びます。

2 南半球の特色

★これまで学習してきたことを思い出して，南半球の特色を整理してみましょう。

　北半球と比べると…

・大陸の数（面積）は（　　　　　　　　　　）

・国の数は（　　　　　　　　　　）

・季節は（　　　　　　　　　　）

・緯度や経度は（　　　　　　　　　　）

　その他で気がついたこと

　（　　　　　　　　　　）

地球の写真または図を貼りつけ

016

3 世界の地域構成の活用

　もうすぐ夏季オリンピック東京大会が開催されるということで，弟の小学校では，今年の夏休みの自由研究として，夏季オリンピックについて自由に調べる課題が出されました。弟は，さっそくこれまで開催された夏季オリンピックについてインターネットで調べたところ，夏季オリンピックの大半が，ヨーロッパ州や北アメリカ州で行われていることがわかりました。なぜ，その他の地域での開催が少ないのかを疑問に思った弟は，中学生である私に協力を求めてきました。私は学校で使っている地図帳を広げ，夏季オリンピックが開催された都市の場所を調べていき，南半球で夏季オリンピックの開催が少ないことに気づきました。さらに夏季オリンピックの開催地を調べていくと，南半球の都市での開催が過去3回あることがわかりました。実施された都市は以下の通りです。

開催年	都市名	開催期間	都市の緯度
1956	メルボルン	11/22〜12/ 8	南緯38度
2000	シドニー	9 /15〜10/ 1	南緯34度
2016	リオデジャネイロ	8 / 5 〜 8 /21	南緯23度

　私は，この結果や地理の授業で学習したことなどを参考にして，弟とともに夏季オリンピックが南半球の都市であまり開催されていない理由を考え，これを，自由研究の成果として発表することを提案しました。この兄弟になりきって，夏季オリンピックが南半球の都市であまり開催されていない理由を，これまで学習してきたことを活用して考えましょう。

	パフォーマンスの尺度（評価の指標）
A	・既習事項を活用し，南半球の特色に着目しながら多面的・多角的に考察し，地理的な事象に照らし合わせて妥当である複数の理由に基づいて説明している。
B	・既習事項を活用し，南半球の特色に着目しながら地理的な事象に照らし合わせて妥当である一つの理由に基づいて説明している。
C	・地理的な事象に照らし合わせて妥当であるとは言いがたい要素が含まれている。

回答らん

　年　　　　組　　　　番：氏名

時差を考えて
東京以外にもう一つの支社をつくろう

生徒に身につけさせたい力

　本単元は，平成20年度学習指導要領では「日本の様々な地域」の最初に配置されていたが，今回の改訂により，世界の地域構成に続けて履修することになった。世界の地域構成と合わせて大項目 A と設定され，世界の諸地域とのつながりや関連が重要となる。

　この後に履修する大項目 C 日本の様々な地域の学習を深める座標軸のような役割を果たし，日本の諸地域学習への関心を高めたり，学習成果の定着を図ったりするのに効果を発揮する単元である。

　ここでは，我が国の国土の位置，世界各地との時差，領域の範囲や変化とその特色に関する知識を身につけ，日本の地域構成を大観し，この後の日本の諸地域の学習の基礎力を身につけさせたい。また，特に時差を扱う単元では，時差の仕組みの理解や計算力を養うことにとどまることなく，日本と世界各地との時差から，地球上における我が国と世界各地との位置関係を把握したり，それを活用したりする実践力を身につけさせたい。

単元の目標

　我が国の国土の位置，世界各地との時差，領域の範囲や変化とその特色などを基にして日本の地域構成を大観し，理解するとともに，日本の地域構成の特色を，周辺の海洋の広がりや国土を構成する島々の位置などに着目して，多面的・多角的に考察し，表現する。

単元の評価規準

知識・技能
・我が国の国土の位置，世界各地との時差，領域の範囲や変化とその特色などを基にして日本の地域構成を大観し，理解している。
思考力・判断力・表現力
・日本の地域構成の特色を，周辺の海洋の広がりや国土を構成する島々の位置などに着目して，多面的・多角的に考察し，表現している。
主体的に学習に取り組む態度
・日本の地域構成について，国家及び社会の担い手としてよりよい社会の実現を視野に，領土問題など日本の地域構成に見られる課題を主体的に追究，解決しようとしている。

単元の指導計画

時	主な学習活動	評価
1	**◆世界における日本の位置** 緯度や経度を活用して同緯度，同経度の国々に着目しながら，国土の絶対的位置を捉えたり，近隣の国との関係の中から相対的位置を表現したりする。	・緯度や経度を活用して同緯度，同経度の国々に着目しながら，国土の絶対的位置を示している。（知技） ・日本の位置と近隣の国との位置関係の中から我が国の相対的位置を考察し，表現している。（思判表）
2	**◆日本の位置と時差** 経度の仕組みや時差が生じる仕組みや2点間の時差の求め方などを確認した後，等時帯を活用して時差を活用して地球における位置関係を捉えたり，実社会を想定して時差の知識を活用したりする。	・経度の仕組みや時差が生じる仕組みや2点間の時差の求め方などについて理解している。（知技） ・世界各国の時差を基にして，世界の国々や世界全体の位置関係を把握し，実社会における課題の中での活用を考察し，その結果を表現している。（思判表）
3	**◆日本の領域と領土問題** 領域について，領土だけでなく領海，領空から成り立っており，それらが一体的な関係にあることや島国である我が国は領海や排他的経済水域が多いという特色から海の資源が重要であることを捉えるとともに，竹島や北方領土が我が国の固有の領土であることなど，我が国の領域をめぐる問題について主体的に考える。	・領域について，領土だけでなく領海，領空から成り立っており，それらが一体的な関係にあることや島国である我が国は領海や排他的経済水域が多いという特色から海の資源が重要であることを，資料を活用して調べ，理解している。（知技） ・竹島や北方領土が我が国の固有の領土であることなど，我が国の領域をめぐる問題について主体的に考察し，表現している。（思判表）
4	**◆日本の地域区分** 日本地図を使って都道府県や都道府県庁の位置と名称を確認したり，自分の描いた略地図に位置と名称を書き込んだりしながらその区分を理解するとともに，都道府県や都道府県庁所在地の位置の特色を考える。	・日本地図を使って都道府県や都道府県庁の位置と名称を確認したり，自分の描いた略地図に位置と名称を書き込んだりしながらその区分を理解している。（知技） ・都道府県や都道府県庁所在地の位置に着目し，その特色を多面的・多角的に考察している。（思判表）

授業展開例（第2時）

（1）パフォーマンス課題

> ★ある日の出来事（その1）
> 　中学生である私は，社会科の授業で時差についての学習をしました。その話をアメリカにあるコンピューター関連会社の社長を務めるおじさんに話したところ，「これからは時差も計算ができるだけではだめだ。実際の社会の中で活用できることが大切だよ。ちなみに我が社は本社のあるニューヨークだけでなくインドにも支社を置いて，二重の体制にしているんだ。なぜ，インドというところに支社を置いたのか，その理由を考えてみなさい。もちろん様々な理由が考えられるが，一つは時差に関する理由だ」私はおじさんに渡された等時帯を見ながら，その答えを考えるのでした。
>
> ★ある日の出来事（その2）
> 　アメリカにあるコンピューター関連会社の社長を務めるおじさんが，日本に戻ってくることになりました。アメリカの会社は知り合いに任せて，自分は新たなコンピューター関連会社を日本に設立するそうです。そして，おじさんは私にこう言うのでした。「今度は日本に会社をつくるぞ。アメリカの会社と同じように，世界のどこかに支社を一つ同時につくっての二重の体制だ。支社はどこにつくろうか。前に話したことを思い出して，おまえのプランを考えてみろよ」そうおじさんに言われた私は，前にもらった等時帯を見直して考えたのでした。

（2）ルーブリックとその文例

	パフォーマンスの尺度（評価の指標）
A	・等時帯を活用してインドに支社を置いた理由を，時差に関連づけて説明しているだけでなく，他の地理的な理由も含めて複数の説明をしている。 ・支社を置く場所を明確に示し，その場所にした理由を，時差に関連づけて説明しているだけでなく，他の地理的な理由も含めて複数の説明をしている。
B	・等時帯を活用してインドに支社を置いた理由を，時差に関連づけて説明している。 ・支社を置く場所を明確に示し，その場所にした理由を，時差に関連づけて説明している。
C	・時差との関連づけが不十分な説明である。

（3）授業の流れ

①導入

　冒頭では世界の地域構成で学習した経度の仕組みを振り返らせ，本初子午線を中心に東西180度ずつに分けていることを確認する。その後地球1周360度を1日かけて太陽が1周する

ため，１時間当たり経度15度を太陽が動き，経度が15度違うと時差が１時間生じるといった時差の仕組みを理解させる。ここでは，時差を計算することにとらわれすぎず，時差の仕組みを理解することや等時帯などを使って調べた時差を活用することに主眼を置きたい。

②展開

パフォーマンス課題を提示し，取り組ませる。その際，その１の課題では，等時帯を活用して調べた時差から，インド（バンガロール）とアメリカ（ロサンゼルス）との地球上における位置関係に気づかせることから時差を利用した24時間体制の業務遂行の工夫に辿り着かせるのである。また，インドという国についても調べさせ，イギリスの統治下におかれたことから英語を使用していることや数学やICT教育の推進からその技術に長けていることなどを見つけさせ，関連づけさせる。

また，その２の課題では，その１の課題を応用して，日本（東京）を中心に12時間くらいの時差のあるところを見つけさせる。そして，いくつか見つかった都市の中からメリットの多い都市を選び出させる。こうした課題に取り組む中で，時差を活用して地球における位置関係を捉えたり時差の活用を体験させたりする。

③まとめ

その２の課題を考えていくと，日本（東京）とアメリカ（ニューヨーク）が時差10時間，日本（東京）とヨーロッパ（ロンドン）が時差９時間と太陽をバトンにしてリレーするように止まることなく昼を受け渡していることに気づくだろう。東京，ロンドン，ニューヨークが世界経済の中心地として24時間止まることなく世界経済を動かす都市となっていることを理解させ，経度におけるそれらの位置関係のバランスのよさに気づかせたい。また，地域としてもそれぞれの都市がアジア州，ヨーロッパ州，（北）アメリカ州の中心の役割を果たしていることにも気づかせ，我が国と世界各地の位置関係を理解させる。

評価基準Aの具体例（２の論述）

（その１の具体例）インド（バンガロール）とアメリカ（ロサンゼルス）は11時間の時差があり，昼と夜が逆であるためにアメリカが夜のときはインドが業務を行い，インドが夜のときはアメリカが業務を行うという24時間体制の効率のよい業務ができるから。また，インドは英語圏であると同時に数学教育が盛んであったり，ICT関連産業に関する技術が高かったりするといった特色をもっている地域であるから。

（その２の具体例）私が社長ならニューヨークに支社を置きます。なぜならニューヨークは日本と10時間の時差があり，およそ昼と夜とが逆になっているので，24時間体制の効率のよい業務が行えるからです。また，ニューヨークは世界経済を動かす重要な都市の一つであり，ビジネスに関する情報やつながりが豊富にもてるのと同時に，世界経済を動かすアメリカという国ともかかわって業務ができるからです。

時差を考えて東京以外にもう一つの支社をつくろう

1 経度と時差の仕組み

①経度の仕組み復習

　すでに学習した経度の仕組みの復習です。右の図を見ながら，以下の空らん①から④にあてはまる語句や数字を考えましょう。

　経度は，地球の中心から地表を見たときに地球を ① に分ける角度のことです。同じ経度を結んだ線が経線で，イギリスの ② を通る経線を ③ といい経度0度としました。ここから ① それぞれに ④ ずつに分かれます。

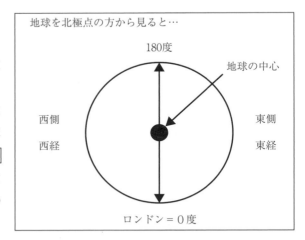

地球を北極点の方から見ると…

180度

地球の中心

西側
西経

東側
東経

ロンドン＝0度

②時差の仕組み

　以下の空らんに語句を入れながら，時差の仕組みを理解しましょう。

・時差とは…（　　　　　　　　　　　　　　）

・太陽は地球を（　　　　　）日で回る　→　　1日　＝　（　　　　　　）時間
　　　　　　　　　　　　　　　　地球1周　＝　経度（　　　　　　　　）度

　　　◎ゆえに，2つの地域の経度が（　　　　　　）度違うと，時差が（　　　　　　）時間できる

・基準となる地域より西は…時間が（　　　　　　　　）←これから太陽がくる
・基準となる地域より東は…時間が（　　　　　　　　）←もう太陽が通り過ぎた

・日付変更線…西から東へまたぐと1日（　　　　　　），
　　　　　　　　　　　　　　　東から西へまたぐと1日（　　　　　　　）
※時計を回して午前0時を戻れば1日戻します。

　年　　　組　　　番：氏名

2 時差の活用

> ★ある日の出来事（その1）
> 　中学生である私は，社会科の授業で時差についての学習をしました。その話をアメリカにあるコンピューター関連会社の社長を務めるおじさんに話したところ，「これからは時差も計算ができるだけではだめだ。実際の社会の中で活用できることが大切だよ。ちなみに我が社は本社のあるニューヨークだけでなくインドにも支社を置いて，二重の体制にしているんだ。なぜ，インドというところに支社を置いたのか，その理由を考えてみなさい。もちろん様々な理由が考えられるが，一つは時差に関する理由だ」私はおじさんに渡された等時帯を見ながら，その答えを考えるのでした。
>
> ★ある日の出来事（その2）
> 　アメリカにあるコンピューター関連会社の社長を務めるおじさんが，日本に戻ってくることになりました。アメリカの会社は知り合いに任せて，自分は新たなコンピューター関連会社を日本に設立するそうです。そして，おじさんは私にこう言うのでした。「今度は日本に会社をつくるぞ。アメリカの会社と同じように，世界のどこかに支社を一つ同時につくっての二重の体制だ。支社はどこにつくろうか。前に話したことを思い出して，おまえのプランを考えてみろよ」そうおじさんに言われた私は，前にもらった等時帯を見直して考えたのでした。

※各地点の時間はその都市に最も近い15で割り切れる経線の値を使い，東京＝E135，ニューヨーク＝W75，バンガロール＝E75，ロサンゼルス＝W120として計算した。また，サマータイムや正式な標準時，特別な標準時などは考慮しないで算出するものとする。

	パフォーマンスの尺度（評価の指標）
A	・等時帯を活用してインドに支社を置いた理由を，時差に関連づけて説明しているだけでなく，他の地理的な理由も含めて複数の説明をしている。 ・支社を置く場所を明確に示し，その場所にした理由を，時差に関連づけて説明しているだけでなく，他の地理的な理由も含めて複数の説明をしている。
B	・等時帯を活用してインドに支社を置いた理由を，時差に関連づけて説明している。 ・支社を置く場所を明確に示し，その場所にした理由を，時差に関連づけて説明している。
C	・時差との関連づけが不十分な説明である。

回答らん

（その1）
（その2）

教授になって 人々の生活の特色や変容を研究しよう

生徒に身につけさせたい力

　本単元では，場所や人間と自然環境との相互依存関係などに関わる視点に着目して，世界各地の人々の生活が営まれる場所で見られる気候や植生といった自然的条件と，集落や道路といった社会的条件を関連づけて世界各地の人々の生活の特色やその変容の理由を多面的・多角的に追究していく。

　その中で，衣食住や，生活と宗教との関わりを取り上げながら，世界各地の人々の生活の特色やその変容の理由と，その生活が営まれる場所の自然及び社会的条件との関係を考察し，表現する力を身につけさせたい。

単元の目標

　人々の生活は，その生活が営まれる場所の自然及び社会的条件から影響を受けたり，その場所の自然及び社会的条件に影響を与えたりすることや，世界各地における人々の生活やその変容を基に，世界の人々の生活や環境の多様性，世界の主な宗教の分布などを理解するとともに，世界各地の人々の生活の特色やその変容の理由を，その生活が営まれる場所の自然及び社会的条件などに着目して多面的・多角的に考察し，表現する。

単元の評価規準

知識・技能
・人々の生活は，その生活が営まれる場所の自然及び社会的条件から影響を受けたり，その場所の自然及び社会的条件に影響を与えたりすることや，世界各地における人々の生活やその変容を基に，世界の人々の生活や環境の多様性，世界の主な宗教の分布などを理解している。
思考力・判断力・表現力
・世界各地の人々の生活の特色やその変容の理由を，その生活が営まれる場所の自然及び社会的条件などに着目して多面的・多角的に考察し，表現している。
主体的に学習に取り組む態度
・世界各地の様々な自然及び社会的条件に関心をもち，世界各地の人々の生活の特色やその変容について主体的に追究，解決しようとしている。

単元の指導計画

時	主な学習活動	評価
1	**◆世界の気候の特色** 雨温図の活用の仕方を習得し，それを活用して，世界の気候区分の特色を理解するとともに，世界各地の気候の分布を分布図から読み取る。	・雨温図の活用法を習得し，雨温図から有用な情報を読み取っている。（知技） ・分布図から世界各地の気候の分布を適切に読み取っている。（知技）
2	**◆暑い地域のくらし** 景観写真や雨温図，紀行文などの資料を活用して，自然及び社会的条件との関連に着目しながら暑い地域に暮らす人々の生活の特色を考察する。	・資料を活用して暑い地域の人々の生活や環境の多様性を理解している。（知技） ・暑い地域の人々の生活の特色を自然及び社会的条件などに着目して多面的・多角的に考察している。（思判表）
3	**◆乾燥した地域のくらし** 景観写真や雨温図，紀行文などの資料を活用して，自然及び社会的条件との関連に着目しながら乾燥した地域に暮らす人々の生活の特色を考察する。	・乾燥した地域の人々の生活や環境の多様性を理解している。（知技） ・乾燥した地域の人々の生活の特色を自然及び社会的条件などに着目して多面的・多角的に考察している。（思判表）
4	**◆温暖な地域のくらし** 景観写真や雨温図，紀行文などの資料を活用して，自然及び社会的条件との関連に着目しながら温暖な地域に暮らす人々の生活の特色を考察する。	・温暖な地域の人々の生活や環境の多様性を理解している。（知技） ・温暖な地域の人々の生活の特色を自然及び社会的条件などに着目して多面的・多角的に考察している。（思判表）
5	**◆寒い地域のくらし** 景観写真や雨温図，紀行文などの資料を活用して，自然及び社会的条件との関連に着目しながら寒い地域に暮らす人々の生活の特色を考察する。	・資料を活用して寒い地域の人々の生活や環境の多様性を理解している。（知技） ・寒い地域の人々の生活の特色を自然及び社会的条件などに着目して多面的・多角的に考察している。（思判表）
6	**◆世界の衣食住と宗教** 世界各地の衣食住や宗教の分布の特色を調べ，人々の生活への影響を自然及び社会的条件に着目して多面的・多角的に考察する。	・資料を活用して世界各地の衣食住や宗教の分布の特色を理解している。（知技） ・世界各地の衣食住や宗教の分布を，自然及び社会的条件などに着目して多面的・多角的に考察し，表現している。（思判表）
7	**◆人々の生活の特色や変容の理由** パフォーマンス課題に取り組み，世界各地の人々の生活の特色やその変容の理由を，その生活が営まれる場所の自然及び社会的条件などに着目して多面的・多角的に考察し，表現する。	・世界各地の人々の生活の特色やその変容の理由を，その生活が営まれる場所の自然及び社会的条件などに着目して多面的・多角的に考察し，表現している。（思判表）

授業展開例（第 7 時）

（1）パフォーマンス課題

あなたは世界地理大学の教授です。あなたは，世界各地の人々の生活の特色や変容について研究しています。そして，今回，その研究の成果を発表する機会がやってきました。あなたは，研究テーマを「世界各地の人々の生活の特色やその変容の理由と自然及び社会的条件との関係性」として学会で発表します。

あなたは，発表のために世界各地の中から暑い地域，乾燥した地域，温暖な地域，寒い地域を現地調査することになり，自然及び社会的条件との関連に着目しながら各地域に暮らす人々の生活の特色を調べました。

また，様々な資料を整理して，衣食住や宗教の分布と自然及び社会的条件との関連についても調べました。

調査活動が終わり，あなたはこれらの調査結果から見えてきたことを生かして，世界各地の人々の生活の特色やその変容の理由と自然及び社会的条件との関係について構造図にまとめます。

そして，完成した構造図を基に，なぜ世界各地の人々の生活に特色が生まれ，その変容が起こるのかを発表します。

その発表原稿を作成しましょう。

（2）ルーブリックとその文例

	パフォーマンスの尺度（評価の指標）
A	◆B 評価の基準を満たしたうえで，それぞれの観点について，または 1 つの観点について特に深く考えられているものであったり，より多面的・多角的な視点が加わっていたりする。
B	◆以下の 3 つの観点について，おおむね満足な表現であり，発表原稿としての文脈がきちんとできあがっている。 ・単元の学習の成果が生かされている（既習事項の活用）。 ・具体的事例が整理され，個々の事象が一般化されている（概念性）。 ・自然的条件だけでなく社会的条件の影響についても触れている（多角性）。
C	◆B 評価の基準を満たしていなく，それぞれの観点について不十分な点が見られたり，3 つの観点のどれかに大きな不十分な点が見られたりする。

（3）授業の流れ

①導入

　冒頭では，これまでの授業内容を，ワークシートなどを活用しながら大まかに振り返る。そして，パフォーマンス課題を再度提示し，①世界各地の人々の生活の特色やその変容の理由と自然及び社会的条件との関係について構造図にまとめること，②「世界各地の人々の生活の特色やその変容の理由と自然及び社会的条件との関係性」というタイトルで，なぜ世界各地の人々の生活に特色が生まれ，その変容が起こるのかを説明する発表原稿を作成することを確認する。また，ワークシートは，衣食住の特色や変容は何によって決まるのかを考えて表で整理する活動と，それを基にして発表原稿を書く活動であることを理解させる。

②展開

　ワークシート **1** の構造図は，時間を設定して取り組ませる。後半の発表原稿執筆の時間も考えて設定したい。活動の最初は個人でこれまでの学習を振り返りながら取り組ませる。その後，グループにしてお互いに補い合う活動を行うとより深まる。また，後半の整理からわかったことを文章で書く部分をグループにして話し合わせてもよいだろう。**2** の発表原稿は単元末の課題として各自で取り組ませ，後日に発表，提出としてもかまわない。いずれにしても発表原稿作成にあたっては，教師が最低字数や細かな設定を行うようにする。

③まとめ

　後日提出も含めて完成した発表原稿は，生徒同士で共有させたい。時間に余裕があれば口頭発表の時間を設定したり，ワークシートを掲示や冊子にして共有したりすると効果的である。

評価基準 B の具体例（**2** の論述）

　（例）これまでの研究から暑い地域では高温多雨の気候の特色に合わせて薄着の服装や高床の家，イモ類を主食としているなど深い関係がありました。これはその他の地域でも同様で，これらの事例から服装は特に気温の影響，食事は気候の影響を受ける植生の影響，住居の特色は気温だけでなく，降水量や湿度の影響などが大きく影響していることが言えると思います。また，自然環境だけでなく，宗教など社会的な影響も大きいと考えられます。それは食べ物や食事の仕方など生活の根本に影響を与えています。こうして自然条件や社会条件の違いにより世界各地の人々の生活の特色が生まれたのです。

　しかし，近年は技術の発達によってより便利なものができました。また，これらは地域のつながりの深まりによって広く世界中に浸透するようになってきました。人々はより便利で快適なものを求める結果，それぞれの地域の特色が薄れ，どの地域でも同じような生活になっていく傾向が見られます。また，宗教などによる生活習慣の違いも段々と薄れていく傾向にあります。このように，世界各地では特に自然環境の違いに合った衣食住となり地域の特色が生まれ，それは社会の発展に伴って段々と画一化していく傾向があることが言えます。

教授になって人々の生活の特色や変容を研究しよう

1　調査結果を基に構造図をつくろう

★衣食住の特色や変容は何によって決まるのかを考えて表に入れていきましょう。

衣服の特色	食事の特色	住居の特色

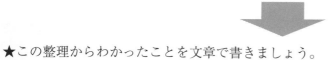

★この整理からわかったことを文章で書きましょう。

028

2 完成した構造図を参考にして発表原稿をつくろう

★整理した構造図を基にして，なぜ世界各地の人々の生活に特色が生まれ，その変容が起こる
　のかを説明する発表原稿を書きましょう。

「世界各地の人々の生活の特色やその変容の理由と自然及び社会的条件との関係性」

10

20

年　　　組　　　番：氏名

アジア州各地域の訪問で，
どの地域から回るべきか提案しよう

生徒に身につけさせたい力

　本単元では6つの州を取り上げて，空間的相互依存作用や地域などに着目してそこで特徴的に見られる地球的課題と関連づけた主題を設けて課題を追究したり解決したりする活動を行う。つまり，これらの趣旨を踏まえたパフォーマンス課題を設定し，生徒自ら単元全体を通して見方・考え方を働かせながら学んだことを活用して協的に課題を追究することで，深い学びに導いていく。この一連の活動により，生徒自身が何を覚えているかではなく，何ができるか，という視点に立って資質・能力の基礎をバランスよくしっかりと身につけさせたい。

　アジア州は大変多様で地域ごとに特色が違い，一括りにまとめることは容易ではない。しかし，どの地域でも経済成長を遂げている国がある。そこで，各地域の地域的特色と経済成長を主題として学習を進める。そして，単元を通して学んできた各地域の地域的特色と関連づけ，経済成長に伴う課題を地球的課題として取り上げつつ多面的・多角的に考察させていく。

単元の目標

　アジア州において地域的特色を理解するとともに，これらと関連づけて経済成長の背景やそれに伴う課題について，州という地域の広がりや地域内の結びつきなどに着目して多面的・多角的に考察し，表現する。

単元の評価規準

知識・技能
・アジア州をめぐる課題は，それが見られる地域の地域的特色の影響を受けて，現れ方が異なることを理解している。 ・アジア州に暮らす人々の生活を基に，その地域的特色を大観し，理解している。
思考力・判断力・表現力
・アジア州において，地域で見られる地球的課題の要因や影響を，州という地域の広がりや地域内の結びつきなどに着目して，それらの地域的特色と関連づけて多面的・多角的に考察し，表現している。
主体的に学習に取り組む態度
・アジア州について，よりよい社会の実現を視野にそこで見られる課題を主体的に追究しようとしている。

単元の指導計画

時	主な学習活動	評価
1	**◆アジア州の大観** ・アジア州の地形的，気候的特色を地図や雨温図などから読み取り，多様性を理解する。 ・アジア州に住む人々の農業を中心とする営みについて多面的・多角的に考察する。	・アジア州の地形や気候の特色を理解している。（知技） ・アジア州，とりわけオーストラリアの人々の生活を多面的・多角的に考察している。（思判表）
2	**◆東アジア⑴～アジア NIES** ・アジア NIES と呼ばれる国々が，輸出中心の工業化から重科学工業，ハイテク産などの発展により経済成長をしてきたことを理解する。 ・アジア NIES に現れている都市問題などの課題と経済成長との関連について考察する。	・アジア NIES の経済成長の要因を，諸資料から適切に読み取り，理解している。（知技） ・アジア NIES の経済成長に伴う諸課題について多面的・多角的に考察している。（思判表）
3	**◆東アジア⑵～中国** ・中国が巨大な人口を背景に，安くて豊富な労働力を生かして工業製品を生産し，世界各地へ輸出することなどを通して経済成長してきたことを理解する。 ・中国に現れている環境問題や都市問題，経済格差などの課題と経済成長の関連について考察する。	・中国の経済成長の要因を，諸資料から適切に読み取り，理解している。（知技） ・中国の経済成長に伴う諸課題について多面的・多角的に考察している。（思判表）
4	**◆東南アジアと経済成長** ・東南アジアの国々が，ASEAN による結びつきの強化や安い労働力を生かした外国企業の誘致による工業化などによって経済成長していることを理解する。 ・東南アジアに現れている都市化等の課題と経済成長との関連について考察する。	・東南アジアの経済成長の要因を，諸資料から適切に読み取り，理解している。（知技） ・東南アジアの経済成長に伴う諸課題について多面的・多角的に考察している。（思判表）
5	**◆南アジアと経済成長** ・インドが，巨大な市場への期待などによる外国企業の進出や高い教育水準を背景にした技術者の育成，国の援助による ICT 技術の発展などによって経済成長してきたことを理解する。 ・インドに現れている都市問題等の課題と経済成長との関連について考察する。	・インドの経済成長の要因を，諸資料から適切に読み取り，理解している。（知技） ・インドの経済成長に伴う諸課題について多面的・多角的に考察している。（思判表）
6	**◆西アジア・中央アジアと経済成長** ・西アジアが，豊富な地下資源を背景に，原油や石油製品の輸出で経済成長してきたことを理解する。 ・中央アジアが，レアメタルを含む豊富な鉱産資源の輸出で経済成長していることを理解する。 ・経済成長に伴う鉱産資源の枯渇等の課題やその紛争などその他の課題と今後の地域について考察する。	・西アジアや中央アジアの経済成長の要因を，諸資料から適切に読み取り，理解している。（知技） ・西アジアや中央アジアの経済成長に伴う諸課題について多面的・多角的に考察している。（思判表）
7	**◆日本の新首相による最初の訪問先の考察** ・アジア州各地の経済成長とその課題について既習事項をまとめ，今後関係を強化すべき地域について多面的に考察し，首相の最初の訪問先という形で示す。 ・急速な経済成長には課題が発生しやすいことを理解し，今後も世界各地で課題となり得る地球的課題であることを理解する。また，どうすれば解消していけるかを追究していこうとする態度を身につける。	・アジア州と日本の関係について多面的・多角的に考察し，その結果を表現している。（思判表） ・アジア州の今後を日本との関わりを含めて主体的に追究しようとしている。（態度）

授業展開例（第7時）

（1）パフォーマンス課題

近年のアジア州の経済発展に世界中が注目しています。グローバル化が進む世界において，また，自身もアジア州の一員である日本にとって，アジア各地域（東アジア，東南アジア，南アジア，西アジア，中央アジア）との関係は，持続可能な日本をつくっていくうえでもいっそう重要です。日本は，今までもアジア州の各地域と密接な関係を築いてきましたが，今後もこれらをより強化していくことで，日本の経済成長にもつながっていくことでしょう。

このたび日本の首相が交代しました。新しい首相は，関係強化を目的として，アジア各地域を歴訪することを決定しました。
そこで，最初にどこへ行くべきかを外務大臣のあるあなたに相談してきました。最初に足を運ぶということは，日本が「あなたたちの地域を，日本は最も重要なパートナーだと考えていますよ」とのメッセージを送ることと同じであり，そこで課題に対する支援についての話し合いをもつ可能性ももちろんあるかもしれません。日本の首相は，アジア州のどの地域へ最初に訪問すべきでしょうか。

どの地域ももちろん重要ですが，その中でも最も日本が重視すべき地域，つまり，最も持続可能性を感じていたり，すぐにでも解決すべき課題があったりするという要素をよくよく考えて首相の質問に答える必要があります。これまで収集してきたアジア州各地域の情報を集め直して，あなたの見解を，明確な理由とともに首相へ提案しましょう。

（2）ルーブリックとその文例

	パフォーマンスの尺度（評価の指標）
A	・アジア州各地の地域的特色と経済成長の要因や課題を踏まえて，新首相の最初の訪問先として最もふさわしいと考える地域を一つ選び，その選定理由を多面的・多角的に考えてある程度具体的かつわかりやすく，他地域と比較しながら表現している。
B	・アジア州各地の地域的特色と経済成長の要因や課題を踏まえて，新首相の最初の訪問先として最もふさわしいと考える地域を一つ選び，その選定理由をある程度具体的かつわかりやすく表現している。
C	・アジア州の一つの地域を選定した理由について明確に述べていない。 ・アジア州各地の地域的特色に基づいた考察になっていない。

（3）授業の流れ

①導入

　冒頭でアジア州各地域の地域的特色に応じた経済成長の要因とそれに伴う課題について，既習内容を基に，教師主体で発問などをはさみながら表にまとめていく。

②展開

　①でまとめたアジア州各地域の経済成長の要因や課題を基に，関係を深めることで日本の利益となりそうな地域や，抱えている課題をともに解決していく必要があると考える地域として，最優先の地域を生徒各自に選ばせて，その理由を個人で考えさせる。次に，グループをつくり，その中で議論を行う。できる限り班として意見を一つにまとめさせる方向で指導するが，最終的にまとまらなくてもよい。そして，グループごとに発表させて，多様な考えに触れる。誰も選ばない地域が出てきた場合は，教師がその地域を優先的に訪問するメリットや意義などを紹介する。

③まとめ

　最終的な自分の意見をワークシートに記入させる。授業の最後に，日本も含めてアジア州であることを強調し，すでに深くかかわっているが，今後も持続可能な日本，そして，アジアのためには我々自身が常によりよい社会をつくっていくという意識をもつことが大切であることに気づかせて，今後の学習へつなげていくようにする。

評価基準 A の具体例（ 2 の論述）

（例）東アジア

　なぜなら，アジア NIES の輸出額の伸びは素晴らしく日本との貿易も活発です。また，中国は世界一の人口を誇り，日本の製品を大量に輸入しています。中国は GDP が大変伸びており，勢いもあります。つまり，他地域と比べて経済的なつながりが最も強い地域であると言えます。また，中国は工業化によって大気汚染などの環境問題が起こっていて日本にも影響が出ています。以上の理由から，最初に東アジアに訪問し，経済的な協力や環境問題での協力をとりつけて，持続可能でよりよいアジア州をともに目指していくべきだと考えます。

（例）西アジア

　なぜなら，西アジアの国々から日本は大量の原油を輸入しており，使用しているほぼすべての原油を輸入に頼っている日本にとっては，他地域と比べると最も大切な地域であると言えるからです。しかも最近は原油で得た資金で街を開発するなどしており，今後も経済発展していくと考えられます。原油の枯渇や紛争などの課題も起こっていますが，そのような問題に対しても日本が協力する姿勢を示すことで，お互いによりよい関係を築いていけるのではないでしょうか。以上の理由から，最初に西アジアに訪問し，持続可能なアジア州をともにつくっていくべきであると考えます。

アジア州各地域の訪問で，どの地域から回るべきか提案しよう

1　アジア州各地域の経済成長の要因や課題についてまとめよう

地域	経済成長の要因	経済成長に伴う課題
東アジア	【アジア NIES】	
	【中国】	
東南アジア		
南アジア		
西アジア		
中央アジア		

2　アジア州の中で，就任直後の首相が最初に訪問する地域を提案しよう

　　近年のアジア州の経済発展に世界中が注目しています。グローバル化が進む世界において，また，自身もアジア州の一員である日本にとって，アジア各地域（東アジア，東南アジア，南アジア，西アジア，中央アジア）との関係は，持続可能な日本をつくっていくうえでもいっそう重要です。日本は，今までもアジア州の各地域と密接な関係を築いてきましたが，今後もこれらをより強化していくことで，日本の経済成長にもつながっていくことでしょう。

　　このたび日本の首相が交代しました。新しい首相は，関係強化を目的として，アジア各地域を歴訪することを決定しました。

　　そこで，最初にどこへ行くべきかを外務大臣のあるあなたに相談してきました。最初に足を運ぶということは，日本が「あなたたちの地域を，日本は最も重要なパートナーだと考えていますよ」とのメッセージを送ることと同じであり，そこで課題に対する支援についての話し合いをもつ可能性ももちろんあるかもしれません。日本の首相は，アジア州のどの地域へ最初に訪問すべきでしょうか。

　　どの地域ももちろん重要ですが，その中でも最も日本が重視すべき地域，つまり，最も持続可能性を感じていたり，すぐにでも解決すべき課題があったりするという要素をよくよく考えて首相の質問に答える必要があります。これまで収集してきたアジア州各地域の情報を集め直して，あなたの見解を，明確な理由とともに首相へ提案しましょう。

◆首相，私が最初に訪問すべきだと考える地域は

東アジア ・ 東南アジア ・ 南アジア ・ 西アジア ・ 中央アジア

（↑○をつける）　　　　　　　　　　　　　　　　　　　　　　　です。

【理由説明】

_____

_____

_____

_____

_____

_____

_____

_____

_____

_____

	パフォーマンスの尺度（評価の指標）
A	・アジア州各地の地域的特色と経済成長の要因や課題を踏まえて，新首相の最初の訪問先として最もふさわしいと考える地域を一つ選び，その選定理由を多面的・多角的に考えてある程度具体的かつわかりやすく，他地域と比較しながら表現している。
B	・アジア州各地の地域的特色と経済成長の要因や課題を踏まえて，新首相の最初の訪問先として最もふさわしいと考える地域を一つ選び，その選定理由をある程度具体的かつわかりやすく表現している。
C	・アジア州の一つの地域を選定した理由について明確に述べていない。 ・アジア州各地の地域的特色に基づいた考察になっていない。

年　　　　組　　　番：氏名　_____

EU のこれからについて
自由研究の概要を書こう

生徒に身につけさせたい力

　ヨーロッパ州は世界に先駆けて地域統合を進めている地域である。そこには隣国と陸続きで距離が近く，文化的背景も似ていることがベースとしてあるが，歴史的背景なども加わって現在は EU という形をとっている。

　このような地域的特色に関する知識を活用して，統合の背景や今後のよりよいヨーロッパ州の姿について多面的・多角的に考察させ，資質・能力の向上を図っていく。

単元の目標

　ヨーロッパ州において地域的特色を理解するとともに，これらと関連づけて地域統合の背景や影響を，州という地域の広がりや地域内の結びつきなどに着目して多面的・多角的に考察し，表現する。

単元の評価規準

知識・技能
・ヨーロッパ州をめぐる課題は，それが見られる地域の地域的特色の影響を受けて，現れ方が異なることを理解している。 ・ヨーロッパ州に暮らす人々の生活を基に，その地域的特色を大観し，理解している。
思考力・判断力・表現力
・ヨーロッパ州において，地域で見られる地球的課題の要因や影響を，州という地域の広がりや地域内の結びつきなどに着目して，それらの地域的特色と関連づけて多面的・多角的に考察し，表現している。
主体的に学習に取り組む態度
・ヨーロッパ州について，よりよい社会の実現を視野にそこで見られる課題を主体的に追究しようとしている。

単元の指導計画

時	主な学習活動	評価
1	**◆ヨーロッパ州の大観** ・ヨーロッパ州の地形的，気候的特色を地図や雨温図などから読み取り，特に狭い地域に多くの国が密集している点などを理解する。 ・ヨーロッパ州の自然環境から，農業をはじめとする人々の営みについて多面的・多角的に考察する。	・ヨーロッパ州の地形や気候の特色を理解している。(知技) ・ヨーロッパ州の人々の生活を多面的・多角的に考察している。(思判表)
2	**◆ヨーロッパ統合の背景～歴史・文化** ・ヨーロッパ州の国々の言語や宗教，人種を示す諸資料から，文化的に近い国が多く集まっており，統合しやすい条件がそろっていることを理解する。 ・ヨーロッパ州の年表などの資料から，この地域では度々戦争が起こってきたこと，特に世界大戦がいずれもヨーロッパから始まっていることなどから，地域の人々の平和への思いについて考察し，統合の一つの目的として理解する。	・ヨーロッパ州の文化的な共通点や歴史的な事実を資料から読み取り，統合の背景について理解している。(知技) ・ヨーロッパ州の戦争の歴史から，人々の思いを考察している。(思判表)
3	**◆ EU 統合による影響(1)～恩恵** ・ヨーロッパ州の工業の分業化の進展や域内貿易が活発化し，環境問題などの課題に協力して対応している点，通貨の統一，域内の行き来が自由になったことなど産業や経済，人々の生活に大きな影響があることを諸資料から読み取る。 ・今後，持続可能なヨーロッパ州へ向けて，統合が進んでいくかどうかを多面的に考察する。	・産業や経済的な側面，人々の生活のしやすさを通して統合による恩恵について理解している。(知技) ・今後，持続可能なヨーロッパ州へ向けて，統合が進んでいくかどうかを多面的に考察している。(思判表)
4	**◆ EU 統合による影響(2)～課題** ・イギリスの EU 離脱の背景を多面的・多角的に考察して，EU の抱える課題について理解する（EU 加盟国が増えると意見調整が難しくなっている点，EU 内の経済格差が広がってしまって負担金の差が出ている点，EU 内の人々の移動や海外からの移民や難民の受け入れなどで各国内に外国人労働者が増えて失業者が増えるなど不満が高まっている点など）。 ・今後，持続可能なヨーロッパ州へ向けて，統合が進んでいくかどうかを多面的・多角的に考察する。	・ヨーロッパ州の統合による諸課題について理解している。(知技) ・今後，持続可能なヨーロッパ州へ向けて，統合が進んでいくかどうかについて，多面的・多角的に考察している。(思判表)
5	**◆ EU 統合の背景とよりよいヨーロッパ州へ向けて** ・これまで学習してきた EU 統合の背景や恩恵，課題をまとめ，持続可能なヨーロッパ州に向けて，今後の EU がどうなっていくのかについて多面的・多角的に考察する。 ・地域統合には困難が伴うが，ヨーロッパ州では統合後に戦争が起こっていない事実などからその意義についても再度留意し，今後世界各地の課題解決へのヒントとして認識する。	・ヨーロッパ州が今後，統合を進めていくのかどうかについて，地域的特色を踏まえて多面的・多角的に考察し，その結果を表現している。(思判表) ・よりよいヨーロッパ州について，主体的に追究しようとしている。(態度)

授業展開例（第5時）

（1）パフォーマンス課題

中学校に入学し，社会科（地理的分野）の授業を受けていたあなたは，日本が東アジアの国々との間に，領土をめぐる問題などを抱えていることを学びました。日々のニュースや新聞でも時々この問題についての報道に接していたあなたは，近隣諸国と決して良好な関係にあるとは言えない日本の未来を少々心配していました。

そんな中，あなたは同じく社会科の授業で，ヨーロッパ州の授業を受けました。ヨーロッパ州では，現在EUという組織をつくり，次第に拡大させて地域統合を進めていることを知りました。他地域でも様々な地域連携の組織がつくられていることも学んでいましたが，EUは最も統合が進んでいるという印象を受けました。「EUについて考えていくことで，近隣諸国と上手につき合っていくヒントが得られるかもしれない」と考えたあなたは，先生と相談し，夏休みの社会科自由研究のテーマを「EU統合の背景とこれから」としました。

授業で学んだことも生かしながら，改めてヨーロッパ州統合の背景と今後のEUについて考察を加える形でレポートの概要をまず書いていきます。構成としては，ヨーロッパ州は①何の目的で統合したのか，②なぜ統合が可能だったのか，③統合後の恩恵や課題の順番で取り扱い，最後にこれらを根拠にして，④今後の持続可能なヨーロッパ州を考えたとき，このまま統合が進んでいくのかどうかについて自分なりの予想を記します。今後のEUは今以上に発展していくのか，それともうまくいかなくなってしまうのか…今後日本のこと，東アジアのことを考えていくためにも，まずはヨーロッパ州について考えるのでした。

（2）ルーブリックとその文例

	パフォーマンスの尺度（評価の指標）
A	・今後EUがどうなっていくのかについて，ヨーロッパ州の統合の背景を地域的特色に基づいて分析し，その恩恵や課題の両面を踏まえて多面的・多角的に考察し，その理由を具体的かつわかりやすく表現している。
B	・今後EUがどうなっていくのかについて，ヨーロッパ州の統合の背景や恩恵，課題を地域的特色に基づいて考察し，その理由をある程度具体的かつわかりやすく表現している。
C	・ヨーロッパ州の統合の背景や恩恵，課題について考察できていない。 ・ヨーロッパ州の地域的特色と関連づいていない。

（3）授業の流れ

①導入

　冒頭で，パフォーマンス課題を提示し，EU統合の今後の動きについて予想する旨を伝える。

②展開

　パフォーマンス課題とワークシートの項目にしたがって，EU統合の①目的，②条件，③恩恵と課題について既習事項を基にクラス全体でまとめ，④今後のEUがどうなっていくのかを考察，予想させる。まずは個人で取り組み，後にグループで協議させる。その際，ヨーロッパの地域的特色に基づき，既習事項を活用させつつ持続可能なヨーロッパ州へ向けた内容になるよう留意させる。最後にグループごとに協議内容を発表させ，多様な考え方に触れさせる。

③まとめ

　最終的な自分の意見をワークシートに記入させる。最後に現在のEUの動向や，離脱していくイギリスの様子についてリサーチしておき，生徒に紹介する。

評価基準Aの具体例（④の論述）

（例）今後も拡大していく

　〈※ヨーロッパ州は，大変狭い地域に多くの国が密集し，言語や宗教も似ているのでお互いに協力しやすい環境にあります。また，地域統合を進めた結果，域内の行き来が自由になって大学や就職先の選択の幅が広がり，工業や貿易も活発化し，環境問題などの課題にも協力して対応することができるようになりました。ただし，EU内には大きな経済格差もあって負担金に不平等が出ていたり，先進国ほど外国人労働者が増えてしまったりして国民に失業者が増えてしまうなどの課題もあります。〉しかし，経済面や人々の生活面から統合によって受けてきた恩恵は大変大きく，今後の大きな成長も見込めるということです。そもそもヨーロッパ州の統合の出発点は戦争を二度と起こさない，という目的を共有したところにあったはずです。その結果，様々な面での協力体制を築いてきたので，今後も戦争回避という大きな目的のもとで，現在の課題についても協力して乗り越えていけると思います。ですので，イギリスは離脱してしまいましたがEUは今後も拡大し，持続可能なヨーロッパ州をつくっていくと考えます。

（例）拡大していかない〈※の部分は上記と同じ〉

　…確かに恩恵は多くあるのですが，一部の国や国民から不満が出ていて，自国がうまくいかないのに地域で統合する意味は果たしてあるのかと疑問に思います。EU内には大きな経済格差があり，文化的に似ているとはいえ，地域的特色がまったく同じわけではありません。地域で統合しなくても一つの国として長年やってきたはずです。実際にイギリスはEUを離脱してしまいました。統合を拡大していくのは確かに理想的ではありますが，それだけが平和や経済的な発展などを維持する手段ではないと考えます。したがって，持続可能なヨーロッパ州のことを考えると，各国の意思を尊重して緩やかな統合にとどめるのがよいのではないでしょうか。

EU のこれからについて自由研究の概要を書こう

★ヨーロッパ州の統合に関する自由研究の概要を書きあげましょう。

中学校に入学し，社会科（地理的分野）の授業を受けていたあなたは，日本が東アジアの国々との間に，領土をめぐる問題などを抱えていることを学びました。日々のニュースや新聞でも時々この問題についての報道に接していたあなたは，近隣諸国と決して良好な関係にあるとは言えない日本の未来を少々心配していました。そんな中，あなたは同じく社会科の授業で，ヨーロッパ州の授業を受けました。ヨーロッパ州では，現在 EU という組織をつくり，次第に拡大させて地域統合を進めていることを知りました。他地域でも様々な地域連携の組織がつくられていることも学んでいましたが，EU は最も統合が進んでいるという印象を受けました。「EU について考えていくことで，近隣諸国と上手につき合っていくヒントが得られるかもしれない」と考えたあなたは，先生と相談し，夏休みの社会科自由研究のテーマを「EU 統合の背景とこれから」としました。

授業で学んだことも生かしながら，改めてヨーロッパ州統合の背景と今後の EU について考察を加える形でレポートの概要をまず書いていきます。構成としては，ヨーロッパ州は①何の目的で統合したのか，②なぜ統合が可能だったのか，③統合後の恩恵や課題の順番で取り扱い，最後にこれらを根拠にして，④今後の持続可能なヨーロッパ州を考えたとき，このまま統合が進んでいくのかどうかについて自分なりの予想を記します。今後の EU は今以上に発展していくのか，それともうまくいかなくなってしまうのか…今後日本のこと，東アジアのことを考えていくためにも，まずはヨーロッパ州について考えるのでした。

①統合の目的（なぜ統合したのか）

②統合の条件（なぜ可能だったのか）

③統合による恩恵と課題

恩恵	課題

④「持続可能なヨーロッパ州へ向けて，EU は今後どうなっていくと考えるか」

◆今後，EU は ┃ 今後も拡大していく ・ 拡大していかない ┃ と考えます。

【理由】

	パフォーマンスの尺度（評価の指標）
A	・今後 EU がどうなっていくのかについて，ヨーロッパ州の統合の背景を地域的特色に基づいて分析し，その恩恵や課題の両面を踏まえて多面的・多角的に考察し，その理由を具体的かつわかりやすく表現している。
B	・今後 EU がどうなっていくのかについて，ヨーロッパ州の統合の背景や恩恵，課題を地域的特色に基づいて考察し，その理由をある程度具体的かつわかりやすく表現している。
C	・ヨーロッパ州の統合の背景や恩恵，課題について考察できていない。 ・ヨーロッパ州の地域的特色と関連づいていない。

年　　　組　　　番：氏名

アフリカの貧困問題解決のため，募金活用の優先順位を考えよう

生徒に身につけさせたい力

　アフリカ州（サハラ以南のアフリカ）では，1日1.90ドル以下で暮らす人々が41.1％おり（世界銀行「世界の貧困に関するデータ」2015年），貧困に苦しむ人が大勢いることが明らかである。そして，貧困が飢餓などの新たな課題を多く生んでいる。

　そこで，貧困の原因をアフリカ州の地域的特色に基づいて多面的・多角的に考察させ，その解決方法を追究させていくことで，資質・能力の向上を図っていく。

単元の目標

　アフリカ州における地域的特色を理解するとともに，これらと関連づけて貧困の要因や影響を，州という地域の広がりや地域内の結びつきなどに着目して多面的・多角的に考察し，表現する。

単元の評価規準

知識・技能
・アフリカ州をめぐる課題は，それが見られる地域の地域的特色の影響を受けて，現れ方が異なることを理解している。 ・アフリカ州に暮らす人々の生活を基に，その地域的特色を大観し，理解している。
思考力・判断力・表現力
・アフリカ州において，地域で見られる地球的課題の要因や影響を，州という地域の広がりや地域内の結びつきなどに着目して，それらの地域的特色と関連づけて多面的・多角的に考察し，表現している。
主体的に学習に取り組む態度
・アフリカ州について，よりよい社会の実現を視野にそこで見られる課題を主体的に追究しようとしている。

単元の指導計画

時	主な学習活動	評価
1	**◆アフリカ州の大観** ・アフリカ州の地形的，気候的特色を地図や雨温図などから読み取り，特に乾燥帯の地域にサハラ砂漠などが広がっている点，内陸国が多く，それらの国々は貿易面で不利な点などに気づく。 ・アフリカ州の自然環境から，貧困の原因となる要素を多面的に考察する。	・アフリカ州の地形や気候の特色を理解している。（知技） ・アフリカ州の人々の生活，特に貧困の要因を多面的に考察している。（思判表）
2	**◆アフリカ州の歴史・文化** ・国境線や言語，文化を示す諸資料などからアフリカ州の特色を読み取り，ヨーロッパ州の国々による植民地支配の影響が強いことを理解する。 ・植民地時代に引かれた国境線や，独立後に民族紛争が頻発して難民が大量発生していること，奴隷貿易の実態などを諸資料から読み取り，アフリカ州の多くの国々で貧困に苦しむ人が多くいる原因について多面的・多角的に考察する。	・アフリカ州の歴史を背景とした現在の文化やアフリカの諸課題を資料から読み取り，理解している。（知技） ・アフリカ州の貧困の要因を歴史的背景を中心に，多面的・多角的に考察している。（思判表）
3	**◆アフリカ州の産業** ・アフリカの輸出品を示す資料などから，アフリカでは第一次産品（農産物や鉱産資源）を中心としたモノカルチャー経済となっていることを理解する。 ・カカオや銅などの国際価格の変動が激しいことから，モノカルチャー経済の問題点について多角的に考察し，貧困の要因を考察する。	・アフリカ州の国々の産業の特色について理解し，モノカルチャー経済になっていることを理解している。（知技） ・アフリカ州の貧困の原因について，モノカルチャー経済の実態から，多角的に考察している。（思判表）
4	**◆アフリカ州の諸課題** ・アフリカ州のサヘル地域では，人口が急速に増加する傾向にあり，食糧増産のための過放牧や過耕作により砂漠化が進行していることを，諸資料を通して理解する。 ・乳児死亡率や平均余命，識字率，飲用水の利用率等を示す資料から，アフリカの課題について理解し，貧困による影響やその原因について多面的・多角的に考察する。	・アフリカ州が抱える諸課題について理解している。（知技） ・アフリカ州の貧困の原因となっている課題や貧困の結果起こってくる課題について多面的・多角的に考察している。（思判表）
5	**◆アフリカの貧困問題解決へ向けて** ・アフリカ州の貧困問題の原因を地域的特色と関連づけて整理し，数ある課題の中から何を優先して解決していくべきかを，多面的・多角的に考察し，その結果を表現する。 ・アフリカ州に対する日本のODAやNGOによる支援，アフリカ州の可能性などを紹介し，今後もアフリカ州に関心をもち，主体的に追究する。	・アフリカ州の貧困問題にいて，地域的特色を踏まえて多面的・多角的に考察し，その結果を表現している。（思判表） ・よりよいアフリカ州へ向けて主体的に追究しようとしている。（態度）

授業展開例（第5時）

（1）パフォーマンス課題

あなたは貧困に関連して苦しむ人々の多いアフリカ州に対して何かをしたい！と考え，同じ志をもつ仲間たちとNGO団体を立ち上げることになりました。そして，このアフリカ支援の活動には，協力者がたくさん必要だと判断し，このたび，地域の人々を集めて「アフリカ州の人々に手を差し伸べよう」と題した講演を行い，賛同者を集めることにしました。ただし，複雑なアフリカの課題のすべてを一気に解決することは難しいですし，理解しにくい部分もあります。だから，まずはアフリカ州の抱える様々な課題の中心になると思われる貧困の問題に焦点を絞ることとしました。しかし，貧困の問題についてもその原因は多岐に渡っています。

そこで，あなたは組織内に「貧困対策作業チーム（グループ）」を結成してそこで検討を重ねて，講演会の内容を考えることになりました。アフリカ州の地域的特色を踏まえて貧困の原因の中でも最も優先的に解決すべきものを一つ挙げて，支援が必要な理由について一人でも多くの人が賛同してくれる内容に仕上げ，アフリカ州で貧困に苦しんでいる人々を一人でも多く支援していきましょう。

（2）ルーブリックとその文例

	パフォーマンスの尺度（評価の指標）
A	・アフリカ州の貧困の原因について複数の地域的特色に基づいて明らかにし，その中から何を優先的に解決していくべきかについて，他の課題と比較したうえで持続可能なアフリカ州へ向けて，ある程度具体的かつわかりやすい文章で表現している。
B	・アフリカ州の貧困の原因について複数の地域的特色に基づいて明らかにし，その中から何を優先的に解決していくべきかについての考えとその理由をある程度具体的かつわかりやすい文章で表現している。
C	・アフリカ州の課題である貧困やその原因に基づいて考察できていない。 ・アフリカ州の地域的特色と関連づいていない。

（3）授業の流れ

①導入

冒頭で，ウェビングマップを活用してアフリカ州の貧困の原因や，貧困によって起こってくる新たな課題といった，これまで授業で学んできた内容の整理をさせる。最初は「砂漠化」などのキーワード例をいくつか挙げて，因果関係を教師とともに確認しながら既習事項を振り返り，パフォーマンス課題へつなげる。

②展開

　パフォーマンス課題を提示して，①で作成したウェビングマップから，貧困の原因の中でも最優先で解決すべき課題を一つピックアップして，その理由を考えさせる。最初に個人で考え，その後グループ（作業チーム）で議論させる。ただし，アフリカ州の地域的特色を背景とした話し合いになるようにグループ活動に入る前に注意を促す（一般的な問題としての「貧困」「教育」「経済」などの議論にならないように留意する。評価基準Ａの具体例参照）。

　議論の結果を各グループに発表させる。その際，結論がまとまらなかったグループは，出てきた意見をそのまま発表させる形でもかまわないので，多様な意見に触れる機会を確保する。

③まとめ

　話し合いを経て，持続可能なアフリカ州へ向けた，最終的な自分の意見をワークシートに記入させる。そして最後に，貧困や飢餓などに苦しんでいる地域はアフリカ州だけではないことに触れ，地球的課題として今後も考えていくべきものであることを意識させる。また，近年のGDPの伸びや各国からの投資の伸びなどからアフリカ州が課題だけの地域ではなく，成長する可能性を十分に秘めていることにも気づかせたい。

評価基準Ａの具体例（ 2 の論述）

（例）モノカルチャー経済の解消

　アフリカ州の国の多くが過去にヨーロッパ州の国々から植民地支配を受けてきた結果，プランテーション農業や鉱業に偏った産業の形になっています。その結果，モノカルチャー経済となり，その影響で収入が安定せず，また今後の経済的な豊かさを手に入れるのが難しいと考えるからです。アフリカ州で工業化などを進め，多くの人が多様な仕事に就くことができれば，収入もある程度得ることができて貧困から抜け出せると考えます（そのためにも皆さんの支援が必要です。どうかご協力ください）。

（例）教育をみんな受けられるようにして識字率を向上させること

　アフリカ州では紛争が各地で起こり，難民が多く発生するなどして学校にも通えずに教育が受けられないという課題があります。そこから識字率も低くなって就くことのできる職業が制限されたり，様々なことを自分で考えて判断したりすることが困難になってしまったりするからです。また，そもそも教育を受けることができなければ，世界の様々な情報を手に入れたり考えたりする力を得ることも難しくなり，貧困から脱出する方法に気づくこともないかもしれません。まずは教育を全員受けられるようにして識字率を上げることで貧困の原因を解消していく必要があります（そのためにも皆さんの支援が必要です。どうかご協力ください）。

アフリカの貧困問題解決のため，募金活用の優先順位を考えよう

1　アフリカの課題について，貧困を軸にまとめよう

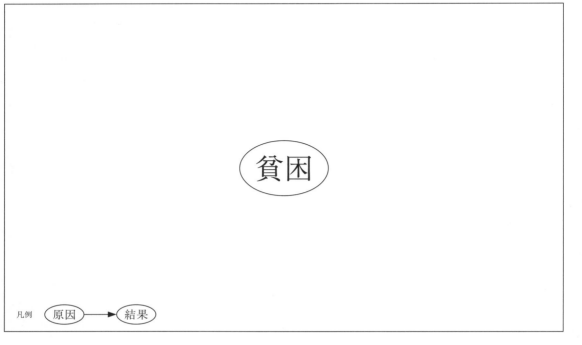

2　アフリカ支援のための NGO を立ち上げ，講演会で支援を訴えよう

　あなたは貧困に関連して苦しむ人々の多いアフリカ州に対して何かをしたい！と考え，同じ志をもつ仲間たちと NGO 団体を立ち上げることになりました。そして，このアフリカ支援の活動には，協力者がたくさん必要だと判断し，このたび，地域の人々を集めて「アフリカ州の人々に手を差し伸べよう」と題した講演を行い，賛同者を集めることにしました。ただし，複雑なアフリカの課題のすべてを一気に解決することは難しいですし，理解しにくい部分もあります。だから，まずはアフリカ州の抱える様々な課題の中心になると思われる貧困の問題に焦点を絞ることとしました。しかし，貧困の問題についてもその原因は多岐に渡っています。

　そこで，あなたは組織内に「貧困対策作業チーム（グループ）」を結成してそこで検討を重ねて，講演会の内容を考えることになりました。アフリカ州の地域的特色を踏まえて貧困の原因の中でも最も優先的に解決すべきものを一つ挙げて，支援が必要な理由について一人でも多くの人が賛同してくれる内容に仕上げ，アフリカ州で貧困に苦しんでいる人々を一人でも多く支援していきましょう。

◆講演用原稿「アフリカ州の人々に手を差し伸べよう」

　私たちはアフリカ州の貧困解決のために，まずすべきことは

```



```

　　　　　　　　　　　　　　　　　　　　　　　　　だと思います。

【内容説明】

そのためにも皆さんの支援が必要です。どうかご協力ください。

	パフォーマンスの尺度（評価の指標）
A	・アフリカ州の貧困の原因について複数の地域的特色に基づいて明らかにし，その中から何を優先的に解決していくべきかについて，他の課題と比較したうえで持続可能なアフリカ州へ向けて，ある程度具体的かつわかりやすい文章で表現している。
B	・アフリカ州の貧困の原因について複数の地域的特色に基づいて明らかにし，その中から何を優先的に解決していくべきかについての考えとその理由をある程度具体的かつわかりやすい文章で表現している。
C	・アフリカ州の課題である貧困やその原因に基づいて考察できていない。 ・アフリカ州の地域的特色と関連づいていない。

年　　　　組　　　番：氏名

移民をめぐる課題について，アメリカ合衆国大統領へ手紙を書こう

生徒に身につけさせたい力

　北アメリカ州では，移民を主題として取り上げ，これに関わる課題を地球的課題として取り上げる。特にアメリカ合衆国では不法移民の取り締まりはもちろん，正規の移民に対しても制限を強化しつつあると言われる。

　移民によって多大な影響を受けてきた同国の地域的特色や，課題を追究することを通じて，持続可能な国家の在り方について多面的・多角的に考察する力を身につけさせていく。

単元の目標

　北アメリカ州において地域的特色を理解させるとともに，これらと関連づけて移民問題の要因や影響を，州という地域の広がりや地域内の結びつきなどに着目して多面的・多角的に考察し，表現する。

単元の評価規準

知識・技能
・北アメリカ州をめぐる課題は，それが見られる地域の地域的特色の影響を受けて，現れ方が異なることを理解している。 ・北アメリカ州に暮らす人々の生活を基に，その地域的特色を大観し，理解している。

思考力・判断力・表現力
・北アメリカ州において，地域で見られる地球的課題の要因や影響を，州という地域の広がりや地域内の結びつきなどに着目して，それらの地域的特色と関連づけて多面的・多角的に考察し，表現している。

主体的に学習に取り組む態度
・北アメリカ州について，よりよい社会の実現を視野にそこで見られる課題を主体的に追究しようとしている。

単元の指導計画

時	主な学習活動	評価
1	**◆北アメリカ州の大観** ・北アメリカ州の地形や気候から，そこで暮らす人々の営みについて多面的・多角的に考察し，地域的特色を理解する。 ・北アメリカ州の歴史や文化から，現在の北アメリカ州の成立過程に移民の存在が大きくかかわっていることを理解する。	・北アメリカ州の地形や気候，歴史や文化の特色を理解している。（知技） ・北アメリカ州の人々の生活を様々な要素から多面的に考察している。（思判表）
2	**◆北アメリカ州（アメリカ合衆国）の農業と移民** ・アメリカ合衆国の農業生産額や分布を示す諸資料から，適地適作農業や企業的農業が広く行われていることを理解する。 ・アメリカ合衆国の農業の課題に対して，移民の果たしている役割を考察し，実態を理解する。	・アメリカ合衆国の農業の特色を理解している。（知技） ・アメリカ合衆国の農業の課題を多面的・多角的に考察している。（思判表）
3	**◆北アメリカ州（アメリカ合衆国）の工業と移民** ・アメリカ合衆国の工業生産額や輸出額，分布を示す諸資料から，工業が発展した背景や現在の先端技術産業へ発展するまでの移り変わりを理解する。 ・アメリカ合衆国の工業の発展に移民の果たしてきた役割について考察し，実態を理解する。	・アメリカ合衆国の工業の特色を理解している。（知技） ・アメリカ合衆国の工業の課題を多面的・多角的に考察し，表現している。（思判表）
4	**◆北アメリカ州（アメリカ合衆国）と移民** ・アメリカ合衆国が移民によって成り立ってきた歴史があること，移民のもち込んだ文化が融合して現在のアメリカ文化を形づくってきたこと，ヒスパニックをはじめとする移民が安い賃金で働くことで他のアメリカ人の職を奪う形になってしまうことなどを理解する。 ・移民の存在が，アメリカ合衆国にとってどのようなものなのかを考察する。	・アメリカ合衆国が移民によって成り立ってきた国であることを理解している。（知技） ・アメリカ合衆国にとっての移民の存在について多面的・多角的に考察している。（思判表）
5	**◆アメリカ大統領へ手紙を書こう** ・移民がアメリカ合衆国に与えている影響を，メリットやデメリットを踏まえて考察する。 ・協働学習を通して，持続可能でよりよいアメリカ合衆国を形成していくために，移民を今後さらに受け入れていくのか，制限を加えていくべきなのか（または別の道を選ぶべきなのか）について考察を深め，自分の意見を主張する。	・アメリカ大統領への移民をめぐる課題についての手紙を，地域的特色を踏まえて多面的・多角的に考察し，その結果を表現している。（思判表） ・よりよいアメリカ合衆国について主体的に追究しようとしている。（態度）

授業展開例（第5時）

（1）パフォーマンス課題

> あなたは，自国を愛し，これからも様々な意味でアメリカ合衆国がよりよい国になっていくことを望むアメリカ国民です。現在のアメリカは，不法移民を含めて移民が大勢アメリカ合衆国へやってきている状態です。
>
> そして，アメリカ合衆国では，ヒスパニックをはじめとする人々のアメリカへの移民に対して，今まで以上の制限を加えようとしていて，アメリカはもちろん世界中で議論を呼んでいます。
>
> あなた自身もとても深くこの問題に関心をもち，ある程度の情報を集めてきました。そして，いてもたってもいられなくなり，この「移民の受け入れをどのようにしていくべきか」というアメリカ合衆国の課題に対して，自分の意見を大統領に伝えるために，手紙を書くことにしました。
>
> 大統領の心を動かすことのできる内容にするために，仲間の意見も聞きながら，様々な人々の立場に立って考えた，あなたの意見を述べましょう。

（2）ルーブリックとその文例

	パフォーマンスの尺度（評価の指標）
A	・アメリカ合衆国の移民問題をどのようにしていくべきかについて，様々な人々の立場に立って考察し，その理由をアメリカ合衆国の地域的特色と関連づけながら，ある程度具体的かつわかりやすい文章で表現している。
B	・アメリカ合衆国の移民問題をどのようにしていくべきかについて，その理由をアメリカ合衆国の地域的特色と関連づけながら，ある程度具体的かつわかりやすい文章で表現している。
C	・移民問題をどのようにしていくべきなのか，またはその理由が明確ではない。 ・アメリカ合衆国の地域的特色と関連づいていない。

（3）授業の流れ

①導入

　冒頭で，これまで授業で学んできた，移民がアメリカ合衆国にもたらすメリットとデメリットをまとめる。その際，企業を経営しているアメリカ人や労働者としてのアメリカ人などの対立軸をヒントとして出すなど，移民問題を考える論点をまとめる形にしておく。

②展開

　パフォーマンス課題を提示して取り組ませる。移民をめぐるメリットもデメリットも存在す

る中で，これらを列挙するだけではなく，比較したうえでどちらにより価値を置くかについて考えさせる。その際，「持続可能なアメリカ合衆国」を念頭に価値判断をさせていく。

　最初は個人で考え，後にグループで議論をしながら考えをまとめさせ，最後は全体発表を行う。教師は発表された内容について，「パフォーマンスの尺度」に沿ってアドバイスを送る。

③まとめ

　最終的な自分の意見をワークシートに記入させる。最後に，現状でのアメリカ合衆国の移民政策の概要を事前にリサーチしておき，生徒に伝えることで，今後主体的にこの問題を追究していく姿勢をつくる。

　そして，この移民による影響で社会が揺らいでいるヨーロッパ州をはじめとし，別の地域でも移民問題は世界的な議論を呼んでいる。一方で，さほど移民を受け入れていない日本はどうあるべきかも考えていく下地をつくり，今後につなげていく。

評価基準Ａの具体例（ 2 の論述）

（例）制限を緩くして今以上に受け入れていく（べきだと思います）

　確かに移民の多くは現地のアメリカ人よりも低い賃金で重労働にも従事するため，アメリカ人の職を奪ってしまう可能性があります。しかし，その移民によって不足しがちな農業の労働力を補うことができるし，先端技術産業でもアジア系の移民をはじめとして今のアメリカ合衆国を支えていると言えるでしょう。今移民を制限すると，アメリカの経済や産業がうまく回らなくなり，結局失業者が増えてしまうのではないでしょうか。

　また，そもそもアメリカ合衆国は移民によって成立した国であり，これまでも移民により様々な地域の文化がもち込まれて合わさったことによってミュージカルやジャズなどのアメリカ独自の文化が発展してきました。不法移民はしっかりと取り締まるとしても，正規の移民はこれまで以上に受け入れることで，持続可能なアメリカ合衆国をつくっていけるとは思いませんか。だから，私は今まで以上にどんどん移民を受け入れていくべきだと思います。

（例）一部受け入れつつも今以上に制限す（べきだと思います）

　アメリカ合衆国は移民がつくってきた国であり，現在でも農業をはじめ，工事現場などの重労働や先端技術産業の開発に携わる移民が多くいます。しかも彼らの賃金は安く抑えることができ，生産されたものの値段も下げることができるので，国民にはメリットがあると言えます。

　しかし，そんな移民を雇う企業が増えることで，元々アメリカ合衆国に住んでいた国民が職を失うなどのデメリットも生じています。もちろん移民の果たす役割や恩恵は大きいのですが，元々のアメリカ国民が苦しんでいるというのであれば，持続可能なアメリカ合衆国とは言えないのではないでしょうか。ですから，移民の受け入れはするが，少しずつ制限を加えていくべきではないでしょうか。

移民をめぐる課題について，アメリカ合衆国大統領へ手紙を書こう

1　移民がもたらすメリット・デメリットを簡単にまとめていこう

移民のもたらすメリット	移民のもたらすデメリット

2　移民をめぐる課題について，アメリカ合衆国大統領へ手紙を書こう

　あなたは，自国を愛し，これからも様々な意味でアメリカ合衆国がよりよい国になっていくことを望むアメリカ国民です。現在のアメリカは，不法移民を含めて移民が大勢アメリカ合衆国へやってきている状態です。そして，アメリカ合衆国では，ヒスパニックをはじめとする人々のアメリカへの移民に対して，今まで以上の制限を加えようとしていて，アメリカはもちろん世界中で議論を呼んでいます。

　あなた自身もとても深くこの問題に関心をもち，ある程度の情報を集めてきました。そして，いてもたってもいられなくなり，この「移民の受け入れをどのようにしていくべきか」というアメリカ合衆国の課題に対して，自分の意見を大統領に伝えるために，手紙を書くことにしました。大統領の心を動かすことのできる内容にするために，仲間の意見も聞きながら，様々な人々の立場に立って考えた，あなたの意見を述べましょう。

【親愛なる大統領へ】

私は，持続可能なアメリカ合衆国へ向けて，移民を

（べきだ）と思います。

【内容説明】

_____

_____

_____

_____

_____

_____

_____

_____

_____

_____

	パフォーマンスの尺度（評価の指標）
A	・アメリカ合衆国の移民問題をどのようにしていくべきかについて，様々な人々の立場に立って考察し，その理由をアメリカ合衆国の地域的特色と関連づけながら，ある程度具体的かつわかりやすい文章で表現している。
B	・アメリカ合衆国の移民問題をどのようにしていくべきかについて，その理由をアメリカ合衆国の地域的特色と関連づけながら，ある程度具体的かつわかりやすい文章で表現している。
C	・移民問題をどのようにしていくべきなのか，またはその理由が明確ではない。 ・アメリカ合衆国の地域的特色と関連づいていない。

年　　　組　　　番：氏名

森林フォーラムで，
アマゾン熱帯林の今後について主張しよう

生徒に身につけさせたい力

　南アメリカ州では，アマゾン熱帯林の開発を主題として取り上げ，そこに関わる課題を地球的課題として取り上げる。特にブラジルのアマゾン熱帯林の開発は，半世紀ほど前のアマゾン横断道路建設から本格化し，ブラジルの経済成長を支えてきた。

　しかし，温暖化や生物多様性の保護など，地球環境保全の課題にも直面している。日本が開発にかかわってきたことも含め，生徒に自分事として捉えさせつつ，持続可能な国家や世界の在り方について多面的・多角的かつ主体的に地球的課題について考察する力を身につけさせていく。

単元の目標

　南アメリカ州において地域的特色を理解させるとともに，これらと関連づけて移民問題の要因や影響を，州という地域の広がりや地域内の結びつきなどに着目して多面的・多角的に考察し，表現する。

単元の評価規準

知識・技能
・南アメリカ州をめぐる課題は，それが見られる地域の地域的特色の影響を受けて，現れ方が異なることを理解している。 ・南アメリカ州に暮らす人々の生活を基に，その地域的特色を大観し，理解している。

思考力・判断力・表現力
・南アメリカ州において，地域で見られる地球的課題の要因や影響を，州という地域の広がりや地域内の結びつきなどに着目して，それらの地域的特色と関連づけて多面的・多角的に考察し，表現している。

主体的に学習に取り組む態度
・南アメリカ州について，よりよい社会の実現を視野にそこで見られる課題を主体的に追究しようとしている。

単元の指導計画

時	主な学習活動	評価
1	**◆南アメリカ州の大観** ・南アメリカ州の地形や気候の特色を，地図を通して読み取り，特にアマゾン熱帯林（セルバ）とアマゾン川の位置と広がりをつかみ，人々の生活について多面的・多角的に考える。 ・スペインやポルトガルの植民地になった歴史と特徴的な遺跡などから南アメリカ州の歴史，文化，民族を理解する。	・南アメリカ州の地形や気候，歴史や文化の特色を理解している。（知技） ・南アメリカ州の人々の生活を様々な要素から多面的に考察している。（思判表）
2	**◆アマゾンに暮らす人々と熱帯林** ・アマゾンで，焼き畑を行ったり川沿いで暮らしたりする人々の伝統的な生活について理解する。 ・二酸化炭素の吸収や未知の食料や医薬品の元の発見などについて諸資料から読み取り，アマゾン熱帯林の働きについて理解する。	・アマゾン熱帯林の人々の暮らしや，アマゾン熱帯林の働きについて諸資料を通して理解している。（知技）
3	**◆ブラジルの熱帯林開発と産業（1）** ・ブラジルの農業の特色について特に大豆やサトウキビ，牛肉などの生産が近年伸びていること，日本にも多く輸出されていることを諸資料から読み取る。 ・畑や放牧地にするためにアマゾン熱帯林が伐採されていることと，GDPが急上昇していたこと（近年は下降気味）を写真や地図から読み取り，アマゾンの開発を進めるべきか否かを多面的・多角的に考察する。	・ブラジルの農業の特色を理解している。（知技） ・ブラジルの農業とアマゾン熱帯林の開発の課題を多面的・多角的に考察している。（思判表）
4	**◆ブラジルの熱帯林開発と産業（2）** ・ブラジルの鉱工業について，カラジャス鉄道やアマゾン横断道路の開発とともに，鉱山開発や工場建設が進み，鉄鉱石や機械類の輸出額が大幅に増え日本への輸出も多いことを諸資料から読み取る。 ・GDPや輸出額が近年大幅に伸びてきている一方で，鉄道や道路，鉱山，都市や工場の開発や建設がアマゾン熱帯林の伐採につながっていることを写真資料から読み取り，アマゾンの開発を進めるべきか否かを多面的・多角的に考察する。	・ブラジルの鉱工業の特色を理解している。（知技） ・ブラジルの鉱工業とアマゾン熱帯林の開発の課題を面的・多角的に考察し，表現している。（思判表）
5	**◆国際森林フォーラムであなたの意見を述べよう** ・アマゾンの熱帯林の開発を進めるべきか，制限をかけるべきかを，多面的・多角的に考察させ，その結果を表現する。 ・インドネシアやオーストラリアなどでも森林が減少していることから，森林開発が地球的課題であることを理解し，今後の学習へつなげる。	・熱帯林の開発をどのようにしていくべきかを，地域的特色を踏まえて多面的・多角的に考察し，その結果を表現している。（思判表） ・よりよいアマゾンについて主体的に追究しようとしている。（態度）

授業展開例（第5時）

（1）パフォーマンス課題

> 　世界の森林の持続可能な経営を進めていくことを目的として，2001年に設置された国連森林フォーラム（UNFF）というものがあります。第11回会合（2015年）では，120か国の代表（その他，関係国際機関やNGOなど）が参加してこれが2030年まで延長されることが決定しています。
>
> 　（その1：会議にて）
>
> 　あなたは次回の国連森林フォーラムに【ブラジルの労働者，先住民保護のNGO団体，日本の商社，地球環境保護団体】の代表として出席することが決まっています。あなたの立場から，アマゾン熱帯林を今後どのようにしていくのかを，根拠を明確にして提案しましょう。会議の場では，他の立場の人たちにも納得してもらえるような提案をすることで自分たちの意見が通り，合意できるよう考えを練りましょう。
>
> 　（その2：会議を経て）
>
> 　会議に参加していた中学1年生のあなたは，様々な立場の人々のスピーチを聞いて，アマゾン熱帯林伐採の問題について，学校でも学習したSDGsも含めて深く考えました。アマゾンの開発を進めるべきか否か…その考察結果をレポートに書いて学校へ提出します。持続可能でよりよい南アメリカ州へ向けてあなたはどうしていくべきだと考えますか。様々な人に同意してもらえるように具体的に説明しましょう。

（2）ルーブリックとその文例

	パフォーマンスの尺度（評価の指標）
A	・アマゾン熱帯林を今後どのようにしていくべきかについての考えを示し，様々な立場の人々に配慮して考察し，その理由をブラジルの地域的特色と関連づけながら，ある程度具体的かつわかりやすい文章で表現している。
B	・アマゾン熱帯林を今後どのようにしていくべきかについての考えを示し，様々な立場の人々のことを考えつつ，その理由をブラジルの地域的特色と関連づけながら，ある程度具体的かつわかりやすい文章で表現している。
C	・アマゾン熱帯林を今後どのようにしていくべきなのか，またはその理由が明確ではない。 ・ブラジルの地域的特色と関連づいていない。

（3）授業の流れ

①導入

　冒頭でパフォーマンス課題を提示して，クラスをグループごとに4つの立場（ワークシー

ト参照）に分ける。それぞれの立場の利益を最大限に主張する形でアマゾン熱帯林の開発について深く考察していく旨を伝え，これまでの授業で学んできた内容の整理をさせる。

②展開

　個人で自分のグループの立場について考察した後，グループごとに自らの立場ならどのように主張するかを協議してアマゾン熱帯林に対する考えを深めさせる。次にグループごとに主張を発表（ワークシートの表にまとめ）させていく。発表の順番は論点が明確になるように，極端な主張を考えていて対立しそうなグループから順に発表させていくとよい。その際，自分の立場と主張がぶれないように留意させつつ，（その１）会議を進める。この学習を通して，世界全体のことを考えることも大切だが，地域の一人ひとりの人々の生活もまた大切であることに気づかせる。時間の許す限り，反論や質問も受けつけていく。

③まとめ

　会議を経て，最終的な自分の意見をワークシート（その２）に記入させる。グループ発表まで抑えていた自分自身の考えを，様々な立場の人たちのことを考慮に入れつつ多面的・多角的に考察させる。また，どの地域でもこのように自然環境を開発して現在の社会をつくりあげてきたのであって，環境と開発の問題が，決してブラジルだけの問題ではないことに気づかせ，今後も世界全体で考えていくべき地球的課題であることを理解させる。

評価基準Ａの具体例（その２の論述）

　（例）地球温暖化が進んでしまうことや，生物多様性の保全などを考えると，今のペースで開発を続けていくことは決してよくはない。先住民の生活も脅かされている現状もある。しかし，そのアマゾン熱帯林の開発によってブラジル人労働者は畑や工場，鉱山などで働けるようになり，収入も得ている。私たち日本人もブラジルで生産された大豆や鉄鉱石などを輸入して国内の産業に役立てていることもまた事実である。

【だから，開発を進めていくべきだ】確かに地球環境全体のことを考えていかないと，ブラジル自体も今後大きな影響を受けてしまう。しかし，今の生活を改善しなければ，結局世界のためにブラジルの人たちが不利益を被ることにもつながりかねない。したがって，開発と森林保護のバランスを保ちつつ，開発は進めていくべきだと思う。

【だから，制限をかけていくべきだ】確かに，アマゾンの開発をまったくやめてしまうとブラジルの人たちにとってマイナスになってしまうが，無制限な開発は地球環境全体にとって大きなマイナスになってしまう。だから，アマゾンの開発はある程度進めるが，しっかりと制限をかけて環境保護にも力を入れ，持続可能なブラジルと世界を目指すべきだ。

【しかし，もう開発はやめていくべきだ】このまま進めてしまうと，地球温暖化の進展など環境問題が取り返しのつかないことになるからだ。ブラジルの人たちの経済は別の方法がないかを考えて世界中で支援し，アマゾン熱帯林の保護も世界全体で行うべきだ。

森林フォーラムで，アマゾン熱帯林の今後について主張しよう

★森林フォーラムに参加してアマゾン熱帯林について考えましょう。

世界の森林の持続可能な経営を進めていくことを目的として，2001年に設置された国連森林フォーラム（UNFF）というものがあります。第11回会合（2015年）では，120か国の代表（その他，関係国際機関やNGOなど）が参加してこれが2030年まで延長されることが決定しています。

（その1：会議にて）

あなたは次回の国連森林フォーラムに【ブラジルの労働者，先住民保護のNGO団体，日本の商社，地球環境保護団体】の代表として出席することが決まっています。あなたの立場から，アマゾン熱帯林を今後どのようにしていくのかを，根拠を明確にして提案しましょう。会議の場では，他の立場の人たちにも納得してもらえるような提案をすることで自分たちの意見が通り，合意できるよう考えを練りましょう。

（その2：会議を経て）

会議に参加していた中学1年生のあなたは，様々な立場の人々のスピーチを聞いて，アマゾン熱帯林伐採の問題について，学校でも学習したSDGsも含めて深く考えました。アマゾンの開発を進めるべきか否か…その考察結果をレポートに書いて学校へ提出します。持続可能でよりよい南アメリカ州へ向けてあなたはどうしていくべきだと考えますか。様々な人に同意してもらえるように具体的に説明しましょう。

（その1）自分の立場と主張を明確にして，会議に参加しましょう。

立場（○をつける）	アマゾン開発を…	理由
ブラジルの 労働者	進める・制限する やめる	
先住民保護 のNGO団体	進める・制限する やめる	
日本の商社	進める・制限する やめる	
地域環境 保護団体	進める・制限する やめる	

（その2）森林フォーラムの内容から，あなた自身の考えをレポートにまとめましょう。

①持続可能なよりよい地域のために，南アメリカ州のアマゾン熱帯林の開発を

（ていくべき）だと思います。

②理由説明

	パフォーマンスの尺度（評価の指標）
A	・アマゾン熱帯林を今後どのようにしていくべきかについての考えを示し，様々な立場の人々に配慮して考察し，その理由をブラジルの地域的特色と関連づけながら，ある程度具体的かつわかりやすい文章で表現している。
B	・アマゾン熱帯林を今後どのようにしていくべきかについての考えを示し，様々な立場の人々のことを考えつつ，その理由をブラジルの地域的特色と関連づけながら，ある程度具体的かつわかりやすい文章で表現している。
C	・アマゾン熱帯林を今後どのようにしていくべきなのか，またはその理由が明確ではない。 ・ブラジルの地域的特色と関連づいていない。

年　　　組　　　番：氏名

オーストラリアがアジア州との結びつきを強めている理由を発表しよう

生徒に身につけさせたい力

　オセアニア州，特にオーストラリアはイギリスによる植民地支配を受け，多くの移民を受け入れることで成り立ってきた国である。しかし，オーストラリアを中心として，オセアニア州は近年アジア州との結びつきが強まってきている。

　この背景について，単元を通して学んできた地域的特色と関連づけて多面的・多角的に考察させることで資質・能力の向上を図る。また，地球的課題として多文化社会の実現へ向けた考察も単元内に取り入れる。

単元の目標

　オセアニア州における地域的特色を理解するとともに，これらと関連づけてアジア州とのつながりが強くなったことの背景や貿易に関わる課題を，州という地域の広がりや地域内の結びつきなどに着目して多面的・多角的に考察し，表現する。

単元の評価規準

知識・技能
・オセアニア州をめぐる課題は，それが見られる地域の地域的特色の影響を受けて，現れ方が異なることを理解している。 ・オセアニア州に暮らす人々の生活を基に，その地域的特色を大観し，理解している。
思考力・判断力・表現力
・オセアニア州において，地域で見られる地球的課題の要因や影響を，州という地域の広がりや地域内の結びつきなどに着目して，それらの地域的特色と関連づけて多面的・多角的に考察し，表現している。
主体的に学習に取り組む態度
・オセアニア州について，よりよい社会の実現を視野にそこで見られる課題を主体的に追究しようとしている。

単元の指導計画

時	主な学習活動	評価
1	**◆オセアニア州の大観** ・オセアニア州の地形的，気候的特色を地図や雨温図などから読み取り，特に多くの国が海に隔てられていることやオーストラリア大陸は乾燥した地域が多いことなどを理解する。 ・オセアニア州，とりわけオーストラリアに住む人々の営みについて多面的・多角的に考察する。	・オセアニア州の地形や気候の特色を理解している。（知技） ・オセアニア州，とりわけオーストラリアの人々の生活を多面的・多角的に考察している。（思判表）
2	**◆オセアニア州の産業** ・オーストラリアでは適地適作農業が行われていることを農業分布図と気候分布図を関連づけて理解する。 ・オーストラリアでは鉱業が盛んであることを輸出額や分布図などから読み取り，理解する。	・オーストラリアの農業の特色について，分布図などから適切に読み取り，理解している。（知技） ・オーストラリアでは鉱業が盛んなことを諸資料から適切に読み取り，理解している。（知技）
3	**◆オセアニア州の歴史・文化と移民政策** ・現在のオセアニア州，中でもオーストラリアが形成されてきた歴史的，文化的背景について，先住民族の存在やイギリスによる植民地支配による影響と関連づけて理解する。 ・オーストラリアの移民政策について，白豪主義から多文化主義へと転換したことを理解し，その背景や実現への課題について多面的・多角的に考察する。	・現在のオセアニア州が移民によって形成されてきたことを歴史的，文化的背景を通して理解している。（知技） ・オーストラリアが白豪主義から多文化主義へと転換したことを理解し，多文化主義を進めていくうえでの課題について多面的・多角的に考察している。（思判表）
4	**◆オーストラリアの変化** ・オーストラリアの鉱山資源の輸出相手国や輸出相手国の変化や観光客数の推移のグラフなどから，アジア州との結びつきが強まっていることを理解する。 ・各地域（州）のGDPの推移を表すグラフなどから近年のアジア州の経済的な成長について理解するとともに，ヨーロッパ州に比べてアジア州が地理的に近い点を通して，アジア州の存在が大きくなっていることを理解する。 ・以上の内容から，オーストラリアがアジア州との関係を強めようとした理由について考察する。	・オーストラリアにとって，アジア州の重要性が高まっていることを理解している。（知技） ・オーストラリアにとって，アジア州がどのような存在であるのかを多面的・多角的に考察している。（思判表）
5	**◆オーストラリアによる多文化主義の背景** ・これまで学習してきたオセアニア州やオーストラリアの地域的特色を踏まえて，なぜオーストラリアがアジア州との結びつきを強めているのかを多面的・多角的に考察する。 ・オーストラリアの変化は，持続可能なオーストラリアを目指した人々の選択であったことを理解し，世界中の国々がよりよい社会を目指して様々な活動をしていることに気づき，今後の学習を主体的に追究する態度を身につける。	・オーストラリアがアジアとの関係を強めてきている理由を多面的・多角的に考察し，その結果を表現している。（思判表） ・よりよいオーストラリアについて，主体的に追究しようとしている。（態度）

授業展開例（第5時）

（1）パフォーマンス課題

> あなたは地区の代表の一員としてオーストラリアへ海外派遣される中学校の生徒です。あなたは社会科の授業で，以前まで白豪主義が主流だったオーストラリアは，現在ではアジア州からの移民も多く受け入れていると学んで，アジア州との結びつきが強くなり，関係もよくなってきていると安心しました。しかし，本当にアジア州や他の国の人々はオーストラリアの人々に，受け入れられているのかが心配になりました。
>
> そこで，「なぜオーストラリアはアジア州との結びつきを強めてきているのか」をテーマとして海外派遣の事前研修会で発表することにしました。そうすることで，今後の日本とオーストラリアの関係も見通せると考えたからです。
>
> そこで，あなたは①授業で学んだ情報を整理してオーストラリアがアジア州との結びつきを強めようとしている理由を様々な角度からまとめつつ考察し，②その考察結果の中からアジア州との結びつきが強まってきている要因をまとめる形で「海外派遣事前研修レポート」の概要を書きあげ，発表準備をしていくことにしました。

（2）ルーブリックとその文例

	パフォーマンスの尺度（評価の指標）
A	・オーストラリアがアジア州との関係を強めようとした理由を地域的特色に基づいて多面的・多角的に考察してお互いを関連づけながら，その理由をある程度具体的かつわかりやすく表現している。
B	・オーストラリアがアジア州との関係を強めようとした理由を地域的特色に基づいて多面的・多角的に考察し，その理由をある程度具体的かつわかりやすく表現している。
C	・オーストラリアがアジア州との関係を強めようとした理由についてしっかりと考察できていない。 ・オーストラリアの地域的特色に基づいた考察になっていない。

（3）授業の流れ

①導入

　冒頭でパフォーマンス課題を提示して，オーストラリアがアジア州との結びつきを強めようとしてきた理由について，図（クラゲチャート）にまとめる形で既習事項を整理させる（必ずしもすべて埋める必要はない）。

②展開

　①でまとめたアジア州との結びつきが強まってきている理由を関連づけて一言で言い表せないか考えるように促し，何がオーストラリアの方向性を決めたのかを多面的・多角的に考察させる。その際，オーストラリアの地域的特色を絡めて考察するよう留意させる。

　最初は個人で考え，次にグループで協議させる。グループ内で出てきた意見は図に書き足していく。最後はグループごとに意見を出し，多様な考え方に触れさせる。

③まとめ

　最終的な自分の意見をワークシートに記入させる。授業の最後に，教師が事前に準備していた現在のオーストラリアの多文化社会へ向けた様々な政策や進展具合などを紹介する。そして，世界のどの地域でもこのように持続可能性を求めて様々な形で変化してきていることに気づかせる。今後のオーストラリアの動向について予想させるなどして（アジア州との関係がさらに深まっていくのかどうかなど），引き続きこのテーマを追究していけるよう関心を高め，今後の学習につなげていく。

評価基準 A の具体例（2 の論述）

（例）地理的に近く，様々な面で有益だから

　オーストラリアでは，これまではイギリスとのつながりが強く，貿易もイギリスに頼っていましたが，地理的に近く，経済成長も著しいアジア州の国々との貿易額が増えています。それは，貿易をする際の輸送のコストがヨーロッパ州よりも安く，時間もかからないことが挙げられます。近年はアジア州からの観光客も大勢やってくるようになっているということもあり，地理的な近さがオーストラリアの発展につながっていると言えます。このように，地理的な近さによって，アジア州との結びつきが強まってきていると考えられます。

（例）「アジア州の経済的な成長」を利用しようとしたため

　オーストラリアでは，以前はイギリスへの輸出額が最も高かったのですが，近年では中国や日本などアジア州への輸出額が最も大きくなってきています。しかも，アジア州はオセアニア州よりもはるかに人口が多く，近年 GDP の伸びも大きくなってきていて，経済的な成長が進んでいます。つまり，アジア州の国々は，今後もオーストラリアで生産した牛肉や鉄鉱石などをたくさん輸入してくれることが期待でき，持続可能なオーストラリアのためにはアジア州との結びつきがとても大切だと考えているからだと考えます。

オーストラリアがアジア州との結びつきを強めている理由を発表しよう

あなたは地区の代表の一員としてオーストラリアへ海外派遣される中学校の生徒です。あなたは社会科の授業で，以前まで白豪主義が主流だったオーストラリアは，現在ではアジア州からの移民も多く受け入れていると学んで，アジア州との結びつきが強くなり，関係もよくなってきていると安心しました。しかし，本当にアジア州や他の国の人々はオーストラリアの人々に，受け入れられているのかが心配になりました。

そこで，「なぜオーストラリアはアジア州との結びつきを強めてきているのか」をテーマとして海外派遣の事前研修会で発表することにしました。そうすることで，今後の日本とオーストラリアの関係も見通せると考えたからです。

そこで，あなたは①授業で学んだ情報を整理してオーストラリアがアジア州との結びつきを強めようとしている理由を様々な角度からまとめつつ考察し，②その考察結果の中からアジア州との結びつきが強まってきている要因をまとめる形で「海外派遣事前研修レポート」の概要を書きあげ，発表準備をしていくことにしました。

1 オーストラリアが多文化主義をとっている理由を下の図にまとめよう

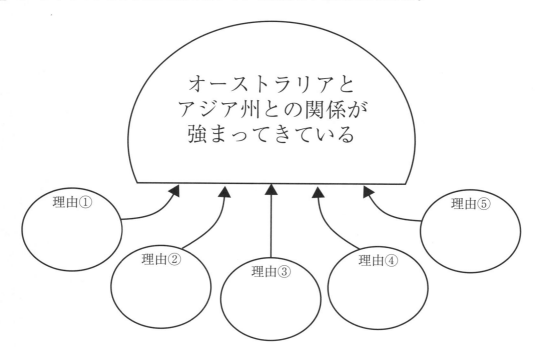

2 「海外派遣事前研修レポート」に概要をまとめよう

なぜオーストラリアがアジア州との関係を強めてきているのかをまとめると…

であると考えられます。

	パフォーマンスの尺度（評価の指標）
A	・オーストラリアがアジア州との関係を強めようとした理由を地域的特色に基づいて多面的・多角的に考察してお互いを関連づけながら，その理由をある程度具体的かつわかりやすく表現している。
B	・オーストラリアがアジア州との関係を強めようとした理由を地域的特色に基づいて多面的・多角的に考察し，その理由をある程度具体的かつわかりやすく表現している。
C	・オーストラリアがアジア州との関係を強めようとした理由についてしっかりと考察できていない。 ・オーストラリアの地域的特色に基づいた考察になっていない。

年　　　組　　　番：氏名

地域防災課の職員となって，
身近な地域を調査しよう

生徒に身につけさせたい力

　本単元は，大項目C「日本の様々な地域」を4つに分ける中項目の中で最初に学習するものである。大項目Cは，これまでの地理的分野の学習を踏まえながら，我が国の国土に関する地理的認識を深めることをねらいとしている。このねらいを達成するために，4つの中項目が配列されている。なお，本単元は従前の学習順序を大きく変更し，単元の最初で地域調査の手法を学習した後，その知識や技能を活用して，日本の地域的特色と地域区分及び日本の諸地域を学習し，それらも含めた地理的分野の学習全体を生かしながら地域の在り方について考察，構想していくという新しい流れが構成されている。

　そこで本単元では，この後の学習を意識しながら，場所などに関わる視点に着目して，地域調査の手法やその結果を多面的・多角的に表現する力を育成することを主なねらいとしている。本単元の学習を通じて，学習対象の地域は学校周辺とし，学習対象を生徒が直接体験できるといった特質を生かしながら，将来にわたって生かすことのできる地理的技能を養いたい。

単元の目標

　観察や野外調査，文献調査を行う際の視点や方法，地理的なまとめ方の基礎を理解したり，地形図や主題図の読図，目的や用途に適した地図の作成などの地理的技能を身につけたりするとともに，地域調査において，対象となる場所の特徴などに着目して，適切な主題や調査，まとめとなるように，調査の手法やその結果を多面的・多角的に考察し，表現する。

単元の評価規準

知識・技能
・観察や野外調査，文献調査を行う際の視点や方法，地理的なまとめ方の基礎を理解するとともに，地形図や主題図の読図，目的や用途に適した地図の作成などの地理的技能を身につけている。
思考力・判断力・表現力
・地域調査において，対象となる場所の特徴などに着目して，適切な主題や調査，まとめとなるように，調査の手法やその結果を多面的・多角的に考察し，表現している。
主体的に学習に取り組む態度
・身近な地域の地域的特色や地域調査に関する手法などに関心をもち，適切な主題や調査，まとめとなるように，調査の手法やその結果について主体的に追究，解決しようとしている。

単元の指導計画

時	主な学習活動	評価
1	**◆調べるテーマを決める** 生徒の課題意識に基づき調査の主題を，防災，人口の偏在，産業の変容，交通の発達などの中から適切に選択し，設定する。 ※パフォーマンス課題は防災の事例です。	・観察や野外調査，文献調査を行う際の視点や方法，地理的なまとめ方の基礎を理解している。（知技）
2	**◆調査項目を決め，観察や調査を実施する** 調査項目を考え，文献調査とともに野外調査も実施する。また，調査項目に基づき野外調査の道順や調査の目的などを示したルートマップを作成する。	・調査項目に基づき野外調査の道順や調査の目的などを示したルートマップを作成するための地理的技能を身につけている。（知技）
3	**◆捉えた事象について地図などに表現する** 文献調査や野外調査で得られた情報をベースマップにまとめ，そこから地域の災害時における危険性や安全に避難するための情報を示した主題図を作成する。	・文献調査や野外調査で得られた情報をベースマップにまとめたり，危険性や安全に避難するための情報を示した主題図を作成したりするための地理的技能を身につけている。（知技）
4	**◆傾向性や規則性を見いだし，比較する** 地域で予測される自然災害や危険の傾向性を，作成した主題図や各種の資料と比較しながら読み取ったり，過去の災害の傾向や要因と比較したりする。	・地域調査において，対象となる場所の特徴などに着目して地域で予測される自然災害や危険の傾向性を多面的・多角的に考察し，表現している。（思判表）
5	**◆要因を調べ，再調査する** 必要に応じてさらに文献調査や野外調査を行い，課題を追究していく中で自然環境の特色と自然災害との関係を整理する。	・地域調査において，対象となる場所の特徴などに着目して，課題を追究していく中で自然環境の特色と自然災害との関係を多面的・多角的に考察し，表現している。（思判表）
6	**◆結果をまとめ，調査結果を発表する** レポートやポスター，発表用ソフトなどを活用して調査結果をまとめ，それを発表する中で意見交換を行い，考察をさらに深めていく。	・地域調査において，対象となる場所の特徴などに着目して調査結果をまとめ，それを発表する中で意見交換を行い，地域に内在する課題について多面的・多角的に考察し，表現している。（思判表）

授業展開例（第6時）

（1）パフォーマンス課題

　あなたは，○○市の地域防災課の職員です。これまで○○中学校周辺の地域で，将来的に自然災害が心配なので調査してほしいという地域住民からの要望が多く寄せられたことをきっかけとして，○○中学校周辺地域の調査を行うことが決まりました。あなたはこの調査の担当主任として調査の計画から実施，そして，調査結果の発表に至るまでの指揮をとることになり，さっそく調査プロジェクトが開始されました。

　あなたは，まず調査のための主題を決めることにしました。地域防災課に寄せられた要望ではどのような災害が心配なのかが明確ではなかったため，地域住民の話を詳しく聞き，どのような災害の心配があるかを調査し，調査テーマを決定していきました。

　次に，あなたは調査項目を決め，観察や調査を実施することにしました。まずは今回の調査プロジェクトに参加する調査員たちと調査項目を考え，文献調査から始めました。○○市のインターネットにはこれまでに調査した自然災害などの資料が掲載されています。また，調査結果を示した資料も多く出されています。こうした資料を活用するとともに，実際に現場に行って調査する野外調査も実施することにしました。野外調査の前には，調査項目に基づき野外調査の道順や調査の目的などを示したルートマップを作成することが規則で決められていますので，調査員と協力して作成しました。

　文献調査や野外調査が一通り終わると，そこで得られた情報をベースマップにまとめる作業に入ります。調査員と協力しながら地図に書き込み，そこから地域の災害時における危険性や安全に避難するための情報を示した主題図を作成していきます。

　次は，調査結果の分析です。地域で予測される自然災害や危険の傾向性を，作成した主題図や各種の資料と比較しながら読み取ったり，過去の災害の傾向や要因と比較したりします。

　すると，さらに文献調査や野外調査を行う必要が出てきた項目もありました。あなたは主任として再調査項目を分担し，調査員に再調査の指示をします。こうして課題を追究していく中で自然環境の特色と自然災害との関係を整理していきます。

　いよいよ今回の調査活動も終わりが近づいてきました。これまでの様々な調査活動や分析から○○中学校周辺における自然災害の傾向や可能性，それを防ぐための手立てなどが浮き彫りとなってきました。あなたは今回の調査をまとめる主任として調査結果の発表を行います。今回は発表用ソフトなどを活用して調査結果をまとめ，地域住民に対する説明会を実施します。説明会では調査結果を知った地域住民からいろいろな意見が出てきまし

た。主任であるあなたはその声一つひとつを丁寧に聞き，さらに考察を深めていきます。そして，それらの考察も含めて最終的な調査報告書を作成し，○○市長に提出しました。

（2）ルーブリックとその文例

	パフォーマンスの尺度（評価の指標）
A	◆B評価の基準を満たしたうえで，それぞれの観点について，または1つの観点について特に深く考えられていたり，より多面的・多角的な視点が加わっていたりする。
B	◆以下の3つの観点について，おおむね満足な表現である。 ・観察や野外調査，文献調査を行う際の視点や方法，地理的なまとめ方の基礎を理解している。 ・地形図や主題図の読図，目的や用途に適した地図の作成などの地理的技能を身につけている。 ・地域調査において，対象となる場所の特徴などに着目して，適切な主題や調査，まとめとなるように，調査の手法やその結果を多面的・多角的に考察し，表現している。
C	◆B評価の基準を満たしていなく，それぞれの観点について不十分な点が見られたり，3つの観点のどれかに大きな不十分な点が見られたりする。

今回のパフォーマンス課題は単元全体を通じて実施する設定なので，評価基準も単元全体を通じて評価するものとし，B評価の観点で知識・技能及び思考・判断・表現の観点を盛り込んでいる。

（3）授業の流れ

①導入

冒頭でパフォーマンス課題とルーブリックを提示し，学習の流れについて生徒に示す。今回のパフォーマンス課題は，単元全体の学習を地域防災課の職員となって地域を調査するという設定となっている。単元全体の学習を，このパフォーマンス課題のストーリーの中で展開し，より臨場感をもって地域調査に取り組むよう演出する。

②展開とまとめ

パフォーマンス課題の流れに沿って，全6時間で構成する。配当時数は年間指導計画や生徒の状況を踏まえ，教師が調整してもかまわない。この後に提示されているワークシートは，単元全体の学習の成果を記録する，ベースワークシートである。記録や整理が効果的に進むよう，この他に白地図や補助ワークシートを配付して作成，記録する。これらの資料がポートフォリオとなり評価の対象となる。

また，パフォーマンス課題の終末では，「そして，それらの考察も含めて最終的な調査報告書を作成し，○○市長に提出しました」という一文を加えた。これは，発表の後に，ここでの意見交換を含めて最終的なまとめを作成させることを意図している。こちらを作成・提出させ評価材料としても有効であろう。調査結果を具体的な成果物としてまとめさせて，学習を締めくくる。

地域防災課の職員となって，身近な地域を調査しよう

1 調査主題を決定しよう

★対象地域の状況を踏まえ，調査テーマを決定しましょう。

今回の調査テーマ：

★調査テーマについて，地域の様子はどのようなものでしょうか。気づいたことを書きだしましょう。

2 調査項目を設定しよう

★決定した調査テーマに基づき，調査項目や調査方法を決定しましょう。

調査で確かめたいこと	調査方法
・	・
・	・
・	・

3 ベースマップを作成しよう

★調査したことをベースマップにまとめ，そこから主題図を作成しましょう。

ベースマップ	主題図
（地域の白地図を添付してください）	（地域の白地図を添付してください）

4 傾向性を見いだし，比較しよう

★地域で予測される傾向性を，作成した主題図や各種の資料と比較しながら読み取ったり過去の傾向や要因と比較したりしましょう。

地域で予測される傾向性

主題図や過去の傾向との比較

5 要因を調べ，再調査しよう

★必要に応じてさらに文献調査や野外調査を行い，課題を追究していく中で自然環境の特色と自然災害との関係を整理しましょう。

地域における自然環境の特色と自然災害との関係

6 調査結果をまとめ，発表しよう

★これまでの調査結果を踏まえて，地域の自然災害の危険性や課題についてまとめましょう。

　年　　　組　　番：氏名

留学先で，外国人の学生に 日本の自然環境の紹介をしよう

生徒に身につけさせたい力

　「日本の地域的特色と地域区分」では分布や地域などに注目して，自然環境，人口，資源・エネルギーと産業，交通・通信の4つの項目を取り上げ，分布や地域などに着目して自ら課題を追究したり解決したりしていく力を身につけさせる。ただし，本単元は「系統的に理解を深めるための基本的な事柄で構成する」ことが求められている。すなわち，日本の地域的特色を国土の特色や大まかな国内の地域差などに注目させて学習を進める必要がある。個別の地域に注目するというよりは，日本を一つの地域と捉えさせ，マクロな視点からその特色を多面的・多角的に捉えていく力もまた養っていく必要がある。

　本単元では，国土の自然環境の特色を通じて自然災害の存在や防災への取組に注目させることで日本の地域的特色を理解させる。日本は自然環境の美しさや豊かな恵みを誇る地域であるものの，災害多発地域でもある。このような特色を大まかに理解させたうえで，この知識を活用して，日本の地域的特色を美点，課題の両面から留学生にどのように伝えるのかを多面的・多角的に考察させていく。

単元の目標

　分布や地域などに着目して，課題を追究したり解決したりする活動を通して，日本の自然環境を大観し，理解するとともに，日本国内地域に関する各種の資料を基に，地域区分をする技能を身につける。

　また，それぞれの地域区分を，地域の共通点や差異，分布などに着目して，多面的・多角的に考察し，表現するとともに日本の地域的特色を，自然環境に基づく地域区分に着目して，それらを関連づけて多面的・多角的に考察し，表現する。

単元の評価規準

知識・技能
・日本の地形や気候の特色，海洋に囲まれた日本の国土の特色，自然災害と防災への取組などを基に，日本の自然環境に関する特色を理解している。 ・自然環境に基づく地域区分を踏まえ，我が国の国土の特色を大観し，理解している。 ・日本や国内地域に関する各種の主題図や資料を基に，地域区分をする技能を身につけている。

思考力・判断力・表現力
・それぞれの地域区分を，地域の共通点や差異，分布などに着目して，多面的・多角的に考察し，表現している。
・日本の地域的特色を，自然環境に基づく地域区分に着目して，それらを関連づけて多面的・多角的に考察し，表現している。

主体的に学習に取り組む態度
・日本の地域的特色と地域区分について，よりよい社会の実現を視野にそこで見られる課題を主体的に追究しようとしている。

単元の指導計画

時	主な学習活動	評価
1	◆日本の地形 ・日本の山地，平野，川，海の様子を通して，日本の地形を大まかに理解する。 ・日本の地形的な特色から，自然災害について多面的・多角的に考察する。	・日本の地形の特色について理解している。（知技） ・日本の地形から，日本で起こり得る自然災害について多面的・多角的に考察している。（思判表）
2	◆日本の気候 ・雨温図や分布図の読み取りを通して，日本各地の気温や降水量の特色を理解する。 ・日本の気候の特色から起こり得る自然災害について多面的・多角的に考察する。	・日本の気候的な特色を理解している。（知技） ・日本の気候的な特色から，日本で起こり得る自然災害について多面的・多角的に考察している。（思判表）
3	◆日本の自然災害 ・東日本大震災や集中豪雨など，日本で多発する自然災害の様子を写真資料や分布図などから読み取り，日本の特色を理解する。 ・自然災害の多発地域を資料から読み取り，大まかな地域区分をして技能を高める。 ・多発する自然災害への対策について多面的・多角的に考察する。	・日本の自然災害の多様性とその要因から日本の特色について理解し，大まかな地域区分の技能を身につけている。（知技） ・日本は自然災害にどのような対策をしているかを多面的・多角的に考察している。（思判表）
4	◆日本の自然環境の特色の紹介 ・留学先の外国人に，自然環境をテーマに紹介する課題に取り組み，その特色を多面的・多角的に考察した結果を表現する。 ・日本の自然災害に対して我々がよりよく生きていくために，何が必要なのかを考える。	・課題に対して日本の自然環境の特色を活用して多面的・多角的に考察し，その結果を表現している。（思判表） ・自然環境と我々が共存していく方法について，主体的に追究しようとしている。（態度）

授業展開例（第4時）

（1）パフォーマンス課題

> あなたは，留学して現地の言葉や文化を学んでいる大学生です。
>
> ある日，自然地理学の授業を担当している教授がこんなことを言いました。
>
> 「わが大学には世界各国から優秀な留学生が大勢来ています。私の授業においても多様
> な地域からやってきている学生が多いです。そこで，あなた方の母国（日本）の地理につ
> いて，地形や気候などの自然環境の特色を一つだけ挙げて，それをテーマとしてプレゼン
> テーションをしてもらおうと思っています。他国出身の仲間にもわかりやすいように工夫
> しながら，内容をまとめてきてください。次の授業で，一人ひとりに発表してもらいます
> のでよろしくお願いします」
>
> 先輩の話によると，毎年この授業が行われているそうですが，いつもそれぞれの国自慢
> になるということです。教授からは，「自国を愛する気持ちをもってもらうのは大いに結
> 構です。しかし，自慢ばかりではなく，自国の自然環境の特色の一つとして，課題となっ
> ていることも挙げてもらえるとよりよいですね」とも言われています。
>
> そこで，あなたはこれまで学習してきた内容を十分に活用して，日本の多様な自然環境
> の特色の中から一つ選び，なぜそれが特に日本の特色だと言えるのかを説明し，課題や課
> 題に対する日本の取組の紹介も入れることにしました。

（2）ルーブリックとその文例

	パフォーマンスの尺度（評価の指標）
A	・日本の自然環境の特色を一つ取り上げ，その理由を，他の特色とも関連づけながら多面的・多角的に考察するとともに，関連する課題やその対策についてもある程度具体的かつわかりやすく表現している。
B	・日本の自然環境の特色を一つ取り上げ，その理由を多面的・多角的に考察するとともに，ある程度具体的かつわかりやすく表現している。
C	・日本の自然環境の特色を取り上げることができていない。 ・日本の自然環境の特色を取り上げた理由についての説明ができていない。

（3）授業の流れ

　冒頭でウェビングマップを活用して日本の自然環境の特色を，既習内容を基に自然災害との関連も含めて教師主体で発問などをはさみながら表にまとめていく。

　次にパフォーマンス課題を提示して取り組ませる。その際，**1**でまとめた内容から，自分自身が日本の特色を最もよく表していると考えられるものを一つ選び，その理由を既習事項を活用して多面的に考察させる。いくつもある特色の中からなぜそれを選んだのかを，他の特色と比較して述べること，単なる自然紹介ではなく，課題たる自然災害とその対策などにも触れることができると評価が高いことも伝える。

　まず個人で取り組み，次にグループで意見交換をさせる。グループごとに結論をまとめる必要はないが，出てきた意見をまとめさせていく。全体発表は，いくつかのグループを教師がピックアップして発表させて，日本の自然環境の多様性を実感できるよう配慮する。

　最終的な自分の意見をワークシートに記入させる。最後にこの多様な自然環境が日本に住む人々にとってどのような影響を与えるのかを，日本の諸地域学習で学んでいくことを伝える。

評価基準Ａの具体例（**2**の論述）

（例）山（の国なのです）

　なぜなら日本は海に囲まれていて川の流れも急であるなど他にもたくさん特色はありますが，国土の約75％が山地と丘陵地であり，中央部では標高3000m前後の日本アルプスもあるなど，日本の自然環境の最も特徴的な部分であると言えるからです。これらの山は美しいだけではなく，古来より我々に木材や燃料をはじめとする森林資源をもたらしてくれる大切な存在でした。

　しかし，同時に九州の阿蘇山や桜島などのように活火山も多数分布しています。つまり，地震や噴火，それと連動した津波といった自然災害も発生しやすい国でもあります。そこで，日本では防災，減災へ向けて様々な研究や調査，そして，防災マップの作製や避難区訓練などを行っているのです。ですので，日本に来るときは気をつけつつ安心して楽しんでくださいね。

（例）多様な気候（の国なのです）

　なぜなら，日本の大部分は温帯に属しているものの，国土が南北に細長くて一部が冷帯に属しているうえ，国土の75％が山地で，海岸線も入り組んでいる地域が多く，地形も複雑になっているからです。また，季節風の影響で，太平洋側と日本海側で季節によって降水量も大きく異なってきます。このように日本は変化に富む大変美しい国です。

　しかし，同時に多くの災害をもたらします。夏から冬にかけては台風や熱帯低気圧が発生して日本に風水害をもたらしたり，強風による高潮などの脅威があったりします。そこで，日本では防災，減災へ向けて様々な研究や調査，そして，防災マップの作製や避難区訓練などを行っているのです。ですので，日本に来るときは気をつけつつ安心して楽しんでくださいね。

留学先で，外国人の学生に日本の自然環境の紹介をしよう

1 これまで学習してきた内容を基に，日本の自然環境の特色をまとめよう

2 留学先で，外国人の学生に自然環境をテーマに母国の紹介をしよう

あなたは，留学して現地の言葉や文化を学んでいる大学生です。

ある日，自然地理学の授業を担当している教授がこんなことを言いました。

「わが大学には世界各国から優秀な留学生が大勢来ています。私の授業においても多様な地域からやってきている学生が多いです。そこで，あなた方の母国（日本）の地理について，地形や気候などの自然環境の特色を一つだけ挙げて，それをテーマとしてプレゼンテーションをしてもらおうと思っています。他国出身の仲間にもわかりやすいように工夫しながら，内容をまとめてきてください。次の授業で，一人ひとりに発表してもらいますのでよろしくお願いします」

先輩の話によると，毎年この授業が行われているそうですが，いつもそれぞれの国自慢になるということです。教授からは，「自国を愛する気持ちをもってもらうのは大いに結構です。しかし，自慢ばかりではなく，自国の自然環境の特色の一つとして，課題となっていることも挙げてもらえるとよりよいですね」とも言われています。そこで，あなたはこれまで学習してきた内容を十分に活用して，日本の多様な自然環境の特色の中から一つ選び，なぜそれが特に日本の特色だと言えるのかを説明し，課題や課題に対する日本の取組の紹介も入れることにしました。

◆私の母国日本は

の（な）国なのです。

【理由説明】

	パフォーマンスの尺度（評価の指標）
A	・日本の自然環境の特色を一つ取り上げ，その理由を，他の特色とも関連づけながら多面的・多角的に考察するとともに，関連する課題やその対策についてもある程度具体的かつわかりやすく表現している。
B	・日本の自然環境の特色を一つ取り上げ，その理由を多面的・多角的に考察するとともに，ある程度具体的かつわかりやすく表現している。
C	・日本の自然環境の特色を取り上げることができていない。 ・日本の自然環境の特色を取り上げた理由についての説明ができていない。

年　　　組　　　番：氏名

過疎の問題を，祖父とともに考えよう

生徒に身につけさせたい力

　「日本の地域的特色と地域区分」では分布や地域などに注目して，自然環境，人口，資源・エネルギーと産業，交通・通信の4つの項目を取り上げ，分布や地域などに着目して自ら課題を追究したり解決したりしていく力を身につけさせる。ただし，本単元は「系統的に理解を深めるための基本的な事柄で構成する」ことが求められている。すなわち，日本の地域的特色を国土の特色や大まかな国内の地域差などに注目させて学習を進める必要がある。個別の地域に注目するというよりは，日本を一つの地域と捉えさせ，マクロな視点からその特色を多面的・多角的に捉えていく力もまた養っていく必要がある。

　本単元では，日本の人口に関する特色の概要に注目させることで，日本の地域的特色を理解させる。特にここでは日本の少子高齢化に伴う過疎の問題を多面的・多角的に考察させることで資質・能力を伸ばしていく。

単元の目標

　分布や地域などに着目して，課題を追究したり解決したりする活動を通して，日本の人口に関連する特色を大観し，理解するとともに，日本国内地域に関する各種の資料を基に，地域区分をする技能を身につける。

　また，それぞれの地域区分を，地域の共通点や差異，分布などに着目して，多面的・多角的に考察し，表現するとともに日本の地域的特色を，人口に基づく地域区分に着目して，それらを関連づけて多面的・多角的に考察し，表現する。

単元の評価規準

知識・技能
・日本の少子高齢化の課題，国内の人口分布や過疎・過密問題などを基に日本の人口に関する特色を理解している。 ・人口に基づく地域区分を踏まえ，我が国の国土の特色を大観し，理解している。 ・日本や国内地域に関する各種の主題図や資料を基に，地域区分をする技能を身につけている。

思考力・判断力・表現力		

・人口について，それぞれの地域区分を，地域の共通点や差異，分布などに着目して，多面的・多角的に考察し，表現している。
・日本の地域的特色を，人口に基づく地域区分に着目して，それらを関連づけて多面的・多角的に考察し，表現している。

主体的に学習に取り組む態度		

・日本の地域的特色と地域区分について，よりよい社会の実現を視野にそこで見られる課題を主体的に追究しようとしている。

単元の指導計画

時	主な学習活動	評価
1	◆**日本の人口** ・人口の移り変わりや人口ピラミッド，人口密度や老年人口を示した主題図の読み取りを通して，日本が少子高齢社化や過疎・過密といった課題を抱えていることを理解する。 ・高齢化が進んでいる地域や過疎地域，過密地域といった地域区分を行う技能を身につけるとともに，三大都市圏に人口が集中するなどの特色を理解する。 ・少子高齢化や過疎・過密によって，どのような課題が生まれてくるのかを多面的・多角的に考察する。	・日本の人口に関する特色について大まかに理解している。（知技） ・日本が抱える少子高齢化や過疎・過密といった課題について，多面的・多角的に考察している。（思判表）
2	◆**過疎地域の現状と対策を考える** ・過疎地域の抱えている課題やその対策を振り返り，持続可能な日本へ向けて過疎問題への対策を多面的・多角的に考察し，その結果を表現する。 ・持続可能な日本へ向けて，過疎問題への対策を主体的に考察する。	・持続可能な日本へ向けて過疎問題への対策を多面的・多角的に考察し，その結果を表現している。（思判表） ・持続可能な日本の実現へ向けて，過疎問題に対して主体的に粘り強く追究しようとしている。（態度）

授業展開例（第2時）

（1）パフォーマンス課題

「少子高齢化に伴う過疎の問題が日本の農村や山間部に広がりつつあります。ここ○○村では…」と，テレビの報道番組の特集が放送されていました。「このように限界集落と呼ばれる地域では，地域の消滅も危惧されており，住民の生活にも支障が出ています」と続いていたのですが，東京に住むあなたは，それほど関心はなく，「まあ，しょうがないかな」と他人事のように受け取っていました。

しかし，隣にいたあなたの祖父が，「おじいちゃんが生まれ育った故郷も今となっては過疎化が進んでいてね。昔の仲間に聞くと大変だそうだ…」と寂しそうに話しているのを聞いて気の毒に思うようになり，関心を少しもつようになりました。すると，「そもそも，なぜ過疎が進んでしまうのだろう。過疎が進んでしまうことでどんな問題が起こるのだろうか？」などの疑問が次々と浮かんできます。

基本的なことを何も知らないと自覚したあなたは，日本の様々な地域で起こっている過疎問題，その原因や影響について調べ，どうしたら解決できるのかを考えようと思いました。そして，祖父に伝えて一緒に考えることで元気になってもらいたい。そう考えたあなたは，さっそく情報を集めて図にまとめ，自分なりに考えてみるのでした。

（2）ルーブリックとその文例

	パフォーマンスの尺度（評価の指標）
A	・過疎に伴う課題に対して，原因の解決へ向けて，またその影響によって現れてくる様々な課題に対して，今後どのようにしていくべきなのかを多面的・多角的に考察し，具体的に表現している。
B	・過疎に伴う課題に対して，その原因や影響を踏まえて，今後どのようにしていくべきなのかを多面的・多角的に考察し，ある程度具体的に表現している。
C	・日本の過疎問題の原因や影響を踏まえて理由を説明できていない。 ・今後どのようにしていくべきかが明確ではない。または理由説明と食い違っている。

（3）授業の流れ

①導入

　冒頭でパフォーマンス課題を提示して，日本の人口問題の中でも過疎の問題を取り上げて考察させる。

②展開

　パフォーマンス課題に取り組ませる前に，前時で学習した内容を図にまとめさせる。まずは過疎の原因となっている要因で，主に仕事を求める若者が農村部や山間部から都市部へと移動してしまうこと，そもそも日本全体で少子高齢化が進んでいることなどを振り返らせる。その影響，つまり結果としてどのような課題が新たに起こってきているのかということを前時の学習を踏まえて表現させる。これらを明らかにしたうえで，例えば，農村部や山間部でどのように仕事をつくっていくのか，または人々を住みたいと思わせていくのかなどある程度具体的に考察させていく。まず個人で取り組み，次にグループで意見交換をさせる。最後に，クラス全体でグループごとに発表をして，持続可能な日本へ向けて思考内容を共有させる。

③まとめ

　最終的な自分の意見をワークシートに記入させる。最後に，人口問題は日本の大きな問題であり，実際に様々な工夫や努力が行われている例をいくつか紹介する。また。今後も「日本の諸地域」で具体的に取り扱っていく旨を告げ，今後の学習に主体的に取り組めるようにする。

評価基準Aの具体例（理由説明の論述）

（例）農村や山間部ならではの特色を生かして，観光業を盛んに

　なぜなら，過疎化の原因は，農村部や山間部から都市部へ仕事を求めて若者が移動していることがとても大きな原因になっているからなんだ。農村部や山間部には，仕事の種類が少なくて，もし生まれ故郷で働きたい，という若い人がいたとしても，その地域を出ざるを得ないとするならば，そこにずっと続けていける仕事をつくるべきだと思う。だから，都市部にはない各農村や山間部ならではの特色を生かして自然を味わうツアーや，農業体験などができる観光業に，今まで以上に力を入れていけるといいんじゃないのかな。

（例）人々が住みたいと思える地域をつくることを

　なぜなら，農村部や山間部には，公共交通機関があまり整備されていなかったり，教育や医療の面でも問題があったりするから，これらを解決できれば人々は逆に移り住んできてくれるんじゃないかなと考えたからなんだ。例えば，移り住んできてくれた人には地域全体で子育てをしますとか，車を持っている人が通勤・通学をお手伝いしますとか，人口が少ないからこそできる地域のつながりや助け合いで住みやすい，住みたい地域をつくっていく工夫をしていくといいんじゃないかな。

過疎の問題を，祖父とともに考えよう

★日本の過疎問題について考えましょう。

「少子高齢化に伴う過疎の問題が日本の農村や山間部に広がりつつあります。ここ〇〇村では…」と，テレビの報道番組の特集が放送されていました。「このように限界集落と呼ばれる地域では，地域の消滅も危惧されており，住民の生活にも支障が出ています」と続いていたのですが，東京に住むあなたは，それほど関心はなく，「まあ，しょうがないかな」と他人事のように受け取っていました。

しかし，隣にいたあなたの祖父が，「おじいちゃんが生まれ育った故郷も今となっては過疎化が進んでいてね。昔の仲間に聞くと大変だそうだ…」と寂しそうに話しているのを聞いて気の毒に思うようになり，関心を少しもつようになりました。すると，「そもそも，なぜ過疎が進んでしまうのだろう。過疎が進んでしまうことでどんな問題が起こるのだろうか？」などの疑問が次々と浮かんできます。

基本的なことを何も知らないと自覚したあなたは，日本の様々な地域で起こっている過疎問題，その原因や影響について調べ，どうしたら解決できるのかを考えようと思いました。そして，祖父に伝えて一緒に考えることで元気になってもらいたい。そう考えたあなたは，さっそく情報を集めて図にまとめ，自分なりに考えてみるのでした。

図

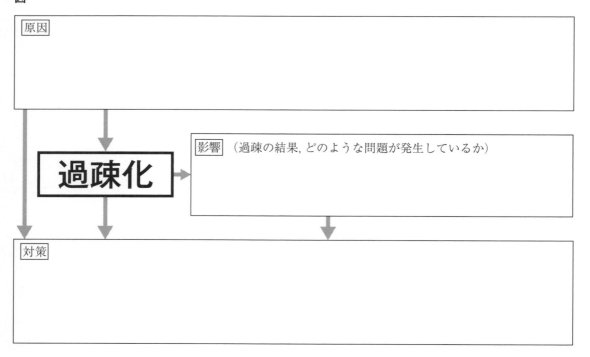

◆おじいちゃん，過疎の問題を解決していくために，私は

していった方がいいんじゃないかなと思うんだよ。

【理由説明】

	パフォーマンスの尺度（評価の指標）
A	・過疎に伴う課題に対して，原因の解決へ向けて，またその影響によって現れてくる様々な課題に対して，今後どのようにしていくべきなのかを多面的・多角的に考察し，具体的に表現している。
B	・過疎に伴う課題に対して，その原因や影響を踏まえて，今後どのようにしていくべきなのかを多面的・多角的に考察し，ある程度具体的に表現している。
C	・日本の過疎問題の原因や影響を踏まえて理由を説明できていない。 ・今後どのようにしていくべきかが明確ではない。または理由説明と食い違っている。

年　　　組　　　番：氏名

日本の中心に据えるべき
発電方法を考えよう

生徒に身につけさせたい力

「日本の地域的特色と地域区分」では分布や地域などに注目して，自然環境，人口，資源・エネルギーと産業，交通・通信の4つの項目を取り上げ，分布や地域などに着目して自ら課題を追究したり解決したりしていく力を身につけさせる。ただし，本単元は「系統的に理解を深めるための基本的な事柄で構成する」ことが求められている。すなわち，日本の地域的特色を国土の特色や大まかな国内の地域差などに注目させて学習を進める必要がある。個別の地域に注目するというよりは，日本を一つの地域と捉えさせ，マクロな視点からその特色を多面的・多角的に捉えていく力もまた養っていく必要がある。

本単元では，日本の産業や資源・エネルギーの利用状況の概要に注目させることで，日本の地域的特色を理解させる。特にここでは日本の発電内訳や発電方法ごとの長所や短所などを多面的・多角的に考察させることで資質・能力を伸ばしていく。

単元の目標

分布や地域などに着目して，課題を追究したり解決したりする活動を通して，日本の資源・エネルギーと産業を大観し，理解するとともに，日本国内地域に関する各種の資料を基に，地域区分をする技能を身につける。

また，それぞれの地域区分を，地域の共通点や差異，分布などに着目して，多面的・多角的に考察し，表現するとともに日本の地域的特色を，資源・エネルギーや産業に基づく地域区分に着目して，それらを関連づけて多面的・多角的に考察し，表現する。

単元の評価規準

知識・技能
・日本の資源・エネルギー利用の状況，国内の産業の動向，環境やエネルギーに関する課題などを基に，日本の資源・エネルギーと産業に関する特色を理解している。 ・産業や資源・エネルギーに基づく地域区分を踏まえ，我が国の国土の特色を大観し，理解している。 ・日本や国内地域に関する各種の主題図や資料を基に，地域区分をする技能を身につけている。

思考力・判断力・表現力
・それぞれの地域区分を，地域の共通点や差異，分布などに着目して，多面的・多角的に考察し，表現している。 ・日本の地域的特色を，産業や資源・エネルギーに基づく地域区分に着目して，それらを関連づけて多面的・多角的に考察し，表現している。

主体的に学習に取り組む態度
・日本の地域的特色と地域区分について，よりよい社会の実現を視野にそこで見られる課題を主体的に追究しようとしている。

単元の指導計画

時	主な学習活動	評価
1	**◆日本の産業と資源・エネルギー** ・第一次，第二次，第三次産業について，農作物の分布図や工業地帯の分布図，都道府県別の第三次産業の就業者の割合を示す主題図などから日本の産業の特色を大まかに理解する。また，これらの産業に電力が欠かせないことも理解する。 ・エネルギー資源の輸入量と自給率を示すグラフから，日本の特色と課題を考察する。 ・国ごとの発電量の内訳を示す資料から，日本の発電に関する課題を考察する。	・日本の産業の特色について大まかに理解している。（知技） ・日本の資源・エネルギー問題について多面的・多角的に考察している。（思判表）
2	**◆持続可能な日本の発電** ・持続可能な日本の発電の課題について多面的・多角的に考え，今後，日本の発電方法の中心を何にしていくべきなのかを判断し，その結果を表現する。 ・持続可能な日本の発電についてよりよく生きていくために，何が必要なのかを考える。	・持続可能な日本の資源・エネルギー（発電）について多面的・多角的に考察し，その結果を表現している。（思判表） ・持続可能な日本を目指して主体的に課題を追究しようとしている。（態度）

授業展開例（第2時）

（1）パフォーマンス課題

> 　ある日，新内閣が発足しました。新たに就任した首相からさっそく所信表明演説がなされます。その中に，日本の直面する資源・エネルギー問題についても盛り込まれることになりました。
>
> 　そこで，あなたが長官を務める資源・エネルギー庁が首相に助言をすることになりました。首相からは，「現在は火力が中心だが，今後のエネルギー政策の基本をどうしていくべきかを検討中なのだよ。日本の産業を支えていくためにも，電力をいかに確保するかは重要な問題だ。君は，今後日本の発電の中心に据えるべきものは何だと思うかね」と相談を受けています。
>
> 　あなた自身は発電方法の柱とすべきものは何だと考えますか。準備した資料を基にして，その理由を明らかにしながら持続可能な日本へ向けた資源，エネルギー政策を考え，首相に提言を行いましょう。

（2）ルーブリックとその文例

	パフォーマンスの尺度（評価の指標）
A	・日本の発電方法の中で中心に据えるべきものを一つ取り上げ，現在日本の抱えている課題や，その中心とすべき発電方法の課題や対策も含めて，その理由を資料に基づきながら，多面的・多角的に考察し，ある程度具体的かつわかりやすく表現している。
B	・日本の発電方法の中で中心に据えるべきものを一つ取り上げ，その理由を資料に基づきながら，多面的・多角的に考察し，ある程度具体的かつわかりやすく表現している。
C	・日本の中心に据えるべき発電方法を，資料の中から取り上げることができていない。 ・日本の中心に据えるべき発言方法を選んだ理由を説明できていない。

（3）授業の流れ

①導入

　冒頭でパフォーマンス課題を提示して，前時で学習した日本の資源・エネルギーや産業の特色を想起させる。そして，発電に関する資料を教師が主導して確認させる。

②展開

　パフォーマンス課題に取り組ませる。一長一短ある発電方法の中で，何が持続可能な日本の中心になり得るのかを長所だけではなく，短所にも注目させて考察させる。短所があるにもかかわらず，なぜそれを日本の発電の中心に選んだのかを考察させることで，一歩深めた提言に

導けるように助言を行う。また，パフォーマンスの尺度（評価の指標）にも注目させる。

　まず個人で取り組み，次にグループで意見交換をさせる。グループごとに議論を行い，班内で他者を説得する形で意見をまとめさせる。どうしてもまとまらない場合は，出てきた意見と議論の内容をメモさせておく。最後にクラス全体でグループごとに発表させて，持続可能な日本へ向けて思考内容を共有させる。

③まとめ

　最終的な自分の意見をワークシートに記入させる。最後に，日本は温室効果ガスの排出をゼロにしていく方針であることを伝えつつ，他にも地熱発電や風力発電などの可能性についても触れ，今後の日本の発電を柱とした資源・エネルギーについて主体的に追究していく姿勢を養う。

評価基準 A の具体例（理由説明の論述）

（例）太陽光発電

　現在の火力発電中心のままでいくと，CO_2の排出量は今後も増加して地球温暖化につながってしまいます。また，発電に使用する燃料をほぼ外国からの輸入に頼っているため，産業や人々の生活を支えるうえで必要不可欠な電力を生み出していくことが困難になることも予想されます。

　その点，太陽光発電は，設備費にはお金もかかり，コストも割高ですが，CO_2は排出されないし，燃料費はかからないので外国に頼る必要もなくなり，メリットが大きいと考えます。確かに天候に左右されたり自然環境に影響を与えたりしてしまいますが，国内の建物にことごとく設置したり，雨が降っていないときに電気をためたり，発電の効率を上げていったりするような政策をとることが，持続可能な日本へ向かっていくことになるのではないでしょうか。

（例）火力発電

　火力発電は確かに，CO_2の排出量が増加して地球温暖化につながってしまったり，燃料を輸入に頼っていたりするなど不安定な要素があるのは事実です。

　しかし，火力発電はコストも安く，燃料さえ確保できれば安定した電力を生み出すことができ，調節もしやすい。何より，産業や人々の生活に必要不可欠な電力を生み出すのに火力発電ほど効率のよいものはないのではないかと思うからです。今後は，再生可能エネルギーを増やしたり，火力発電によるCO_2の排出を抑えたりする努力が必要であるとは思いますが，当面は火力発電を中心に据えた方が持続可能な日本をつくっていくことにつながるのではないでしょうか。

日本の中心に据えるべき発電方法を考えよう

★下の資料を参考に，持続可能な日本の発電方法を考えましょう。

> 　ある日，新内閣が発足しました。新たに就任した首相からさっそく所信表明演説がなされます。その中に，日本の直面する資源・エネルギー問題についても盛り込まれることになりました。
>
> 　そこで，あなたが長官を務める資源・エネルギー庁が首相に助言をすることになりました。首相からは，「現在は火力が中心だが，今後のエネルギー政策の基本をどうしていくべきかを検討中なのだよ。日本の産業を支えていくためにも，電力をいかに確保するかは重要な問題だ。君は，今後日本の発電の中心に据えるべきものは何だと思うかね」と相談を受けています。
>
> 　あなた自身は発電方法の柱とすべきものは何だと考えますか。準備した資料を基にして，その理由を明らかにしながら持続可能な日本へ向けた資源，エネルギー政策を考え，首相に提言を行いましょう。

□資料：主な発電方法の比較　空らんは資料集を調べて記入しましょう。

発電方法	電源	立地	経費	発電効率	問題点（環境等）
水力	水（流水）	山間部	設備費，送電費が高い		
火力	石炭／石油／天然ガス（ほぼ輸入）	大都市など，電気を多く使う地域の近く	設備費や送電費が安い／燃料費が高い		
原子力	ウラン（ほぼ輸入）	地盤が固く，冷却水を得られる地方の臨海部	設備費，事故などの補償費が高い		
太陽光	太陽光	場所を選ばない※家屋の屋根なども設置可	設備費は比較的高い／燃料費はかからない		
風力	風	陸上，洋上	設備費は比較的低い／燃料費はかからない		

◆日本の中心に据えるべき発電方法は，

だと考えます。

【理由説明】

	パフォーマンスの尺度（評価の指標）
A	・日本の発電方法の中で中心に据えるべきものを一つ取り上げ，現在日本の抱えている課題や，その中心とすべき発電方法の課題や対策も含めて，その理由を資料に基づきながら，多面的・多角的に考察し，ある程度具体的かつわかりやすく表現している。
B	・日本の発電方法の中で中心に据えるべきものを一つ取り上げ，その理由を資料に基づきながら，多面的・多角的に考察し，ある程度具体的かつわかりやすく表現している。
C	・日本の中心に据えるべき発電方法を，資料の中から取り上げることができていない。 ・日本の中心に据えるべき発言方法を選んだ理由を説明できていない。

年　　　組　　　番：氏名

リニア中央新幹線の開設で，
人々の生活はどう変わるのかを考えよう

生徒に身につけさせたい力

　「日本の地域的特色と地域区分」では分布や地域などに注目して，自然環境，人口，資源・エネルギーと産業，交通・通信の４つの項目を取り上げ，分布や地域などに着目して自ら課題を追究したり解決したりしていく力を身につけさせる。ただし，本単元は「系統的に理解を深めるための基本的な事柄で構成する」ことが求められている。すなわち，日本の地域的特色を国土の特色や大まかな国内の地域差などに注目させて学習を進める必要がある。個別の地域に注目するというよりは，日本を一つの地域と捉えさせ，マクロな視点からその特色を多面的・多角的に捉えていく力もまた養っていく必要がある。

　本単元では，交通・通信の整備状況やこれらを活用したモノやヒトの往来などに着目して日本と世界の結びつきに注目させることで日本の地域的特色を理解させる。特にここでは，リニアモーターカーという新たな国内交通網が整備されようとしている中で，人々の生活にどのような影響が現れてくるのかを多面的・多角的に考察させていく。

単元の目標

　分布や地域などに着目して，課題を追究したり解決したりする活動を通して，日本の交通・通信に関連する特色を大観し，理解するとともに，日本国内地域に関する各種の資料を基に，地域区分をする技能を身につける。

　また，それぞれの地域区分を，地域の共通点や差異，分布などに着目して，多面的・多角的に考察し，表現するとともに日本の地域的特色を，交通・通信に基づく地域区分に着目して，それらを関連づけて多面的・多角的に考察し，表現する。

単元の評価規準

知識・技能
・国内や日本と世界との交通・通信網の整備状況，これを活用した陸上，海上輸送などの物流や人の往来などを基に，国内各地の結びつきや日本と世界との結びつきなどを理解している。 ・交通・通信に基づく地域区分を踏まえ，我が国の国土の特色を大観し，理解している。 ・日本や国内地域に関する各種の主題図や資料を基に，地域区分をする技能を身につけている。

思考力・判断力・表現力
・交通・通信について，それぞれの地域区分を，地域の共通点や差異，分布などに着目して，多面的・多角的に考察し，表現している。 ・日本の地域的特色を，交通・通信に基づく地域区分に着目して，それらを関連づけて多面的・多角的に考察し，表現している。
主体的に学習に取り組む態度
・日本の地域的特色と地域区分について，よりよい社会の実現を視野にそこで見られる課題を主体的に追究しようとしている。

単元の指導計画

時	主な学習活動	評価
1	**◆日本の交通・通信網** ・国内の旅客輸送の割合や，貨物輸送の変化などの諸資料を通じて，複数の交通網が使い分けられていること，特に三大都市圏を結ぶ鉄道網や高速道路網の発達が著しいことを理解する。 ・情報通信網，特にインターネットの発達によって，人々の消費生活を大きく変えていることを理解する。 ・交通・通信網の整備に伴って，人々の生活が受けた影響について多面的・多角的に考察する。	・日本の交通・通信に関する特色について大まかに理解している。（知技） ・交通・通信網の発達が，日本に住む人々にどのような影響を与えてきたのかを多面的・多角的に考察している。（思判表）
2	**◆リニア中央新幹線の開通による影響** ・リニア中央新幹線の開設によって，未来の我々の生活がどのように変化するのかを多面的・多角的に考察する。 ・今後も，交通・通信網の発達に伴う社会の変化について，主体的に追究する態度をもつ。	・リニア中央新幹線の開通による影響を多面的・多角的に考察し，その結果を表現している。（表判表） ・持続可能な社会の実現を視野に，交通・通信網の発達に伴う社会の変化について，粘り強く主体的に追究しようとしている。（態度）

授業展開例（第2時）

（1）パフォーマンス課題

> あなたは鉄道部を立ち上げるほど鉄道好きの中学生です。ある日，「2045年のリニア中央新幹線の開通により，現在約2時間30分かかっている大阪─東京間の移動が1時間7分で結ばれるようになります」とニュースで聞いたあなたは，大変な関心をもって聞いていました。なぜなら，あなたが住む東京から祖父母が住む大阪まで，毎年夏休みに新幹線や自動車で往復していた自分にとっても，大変関係のあることだと思えたためです。
>
> 開通はまだまだ先ですが，「もしこれが実現したら…」と考えるとワクワクしてきます。その後は様々な想像を巡らせているのでした。
>
> その数日後，地理の授業で「日本の交通網」について学習し，現在の日本の鉄道の役割や活用のされ方などを知ったあなたは，リニア中央新幹線の開通が自分だけではなく，日本全体に大きな影響を与えるものになると確信しました。そこで，同じ鉄道部のメンバーでリニア中央新幹線について調べ，文化祭の展示発表にしようと考えました。
>
> あなたの担当は，「リニア中央新幹線開通後の未来」という最後の締めくくりの部分です。高速鉄道の開通による日本全体（特に沿線地域の人々）への影響について集めた情報を基に一言でその影響を言い表す「見だし」を考え，キャプション（説明）をつけて，見る人にわかりやすく伝えていくべく，あなたは文化祭準備に入るのでした。

（2）ルーブリックとその文例

	パフォーマンスの尺度（評価の指標）
A	・リニア中央新幹線の開通に伴って日本（沿線周辺）がどのように変わるのかを「見だし」として表し，そのように言える理由を様々な立場の人が具体的にどのように生活が変化するのかを含めて多面的・多角的に考察して，ある程度具体的に説明している。
B	・リニア中央新幹線の開通に伴って日本（沿線周辺）がどのように変わるのかを「見だし」として表し，そのように言える理由を多面的・多角的に考察して，ある程度具体的に説明している。
C	・リニア中央新幹線の開通によって日本がどのように変化するのかを「見だし」として表現できていない。 ・中央リニア新幹線の開通による影響を踏まえた理由説明になっていない。

（3）授業の流れ

①導入

　冒頭でパフォーマンス課題を提示して，新たな交通機関である高速鉄道（リニア中央新幹線）の開設が日本社会へ与える影響について考えるという趣旨を理解させる。

②展開

　まず，リニア中央新幹線開通による影響を箇条書きで考察させる。その際，前時に学習した鉄道網の役割や利用のされ方について振り返りながら考えるように促す。特に，日本の鉄道網は主に旅客輸送に活用されていることに着目させておき，貨物輸送に用いられる計画ではないことに気づかせておく。そのうえで，長距離移動時間の短縮が人々の生活にどのような影響をもたらすのかを多面的・多角的に考察させて，交通網の役割について理解を深めさせていく（ちなみに，運賃の件は問題視しないことにして，純粋に新たな高速鉄道の開通に伴う人々の生活への影響を考えさせていく）。最後に箇条書きにしたものを総合して，「見だし」として適切な言葉，あるいは文章を考察させる。

　まず個人で取り組み，次にグループで意見交換をさせる。最後にクラス全体でグループごとに発表し，意見を共有させる。

③まとめ

　最終的な自分の見解をワークシートに記入させる。また，リニア中央新幹線の実験や建設状況など最新の情報も伝えられるようにしておく。最後に，交通・通信網の存在が地域を大きく変えていく可能性を秘めていることを再確認し，次の単元となる「日本の諸地域」において，ここで学んだ知識を活用していく旨を告げ，今後の学習に主体的に取り組めるようにする。

評価基準 A の具体例（理由説明の論述）

（例）可能性が広がるよりよい（国になります）

　なぜなら，これまでの半分以下の時間で東京，大阪間や東京，名古屋間が結ばれるからです。特に東京へ向けて1時間程度かそれ以下で行けるとなると，東京の大学や会社に大阪や名古屋から毎朝通うことも選択肢に入ってきますので，学んだり働いたりする可能性も広がるでしょう。

　また，旅行をする人々にとっても可能性を広げることになると考えます。日帰り旅行も可能になります。特に外国人観光客にとっては短い時間で日本の様々なところを回りたいと思っているはずです。だから，リニア中央新幹線が開設されると，このような観光客にとっての可能性も広がり，日本という国がより魅力的に映るはずです。

　確かに，他の交通機関の客を奪ってしまったり，日帰り客が増えることでホテルや旅館などの宿泊客が減ってしまったりすることも考えられます。しかし，このようにリニア中央新幹線の開設は，日本という国の可能性を広げる大きな力をもっていると言えるのです。

リニア中央新幹線の開設で，
日本の人々の生活はどう変わるのかを考えよう

★日本の交通網の整備に伴う影響について考えましょう。

あなたは鉄道部を立ち上げるほど鉄道好きの中学生です。ある日，「2045年のリニア中央新幹線の開通により，現在約 2 時間30分かかっている大阪—東京間の移動が 1 時間 7 分で結ばれるようになります」とニュースで聞いたあなたは，大変な関心をもって聞いていました。なぜなら，あなたが住む東京から祖父母が住む大阪まで，毎年夏休みに新幹線や自動車で往復していた自分にとっても，大変関係のあることだと思えたためです。

開通はまだまだ先ですが，「もしこれが実現したら…」と考えるとワクワクしてきます。その後は様々な想像を巡らせているのでした。

その数日後，地理の授業で「日本の交通網」について学習し，現在の日本の鉄道の役割や活用のされ方などを知ったあなたは，リニア中央新幹線の開通が自分だけではなく，日本全体に大きな影響を与えるものになると確信しました。そこで，同じ鉄道部のメンバーでリニア中央新幹線について調べ，文化祭の展示発表にしようと考えました。

あなたの担当は，「リニア中央新幹線開通後の未来」という最後の締めくくりの部分です。高速鉄道の開通による日本全体（特に沿線地域の人々）への影響について集めた情報を基に一言でその影響を言い表す「見だし」を考え，キャプション（説明）をつけて，見る人にわかりやすく伝えていくべく，あなたは文化祭準備に入るのでした。

リニア中央新幹線開通による影響
・
・
・
・
・
・

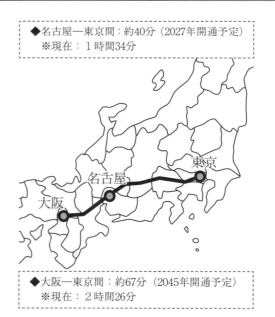

◆名古屋—東京間：約40分（2027年開通予定）
※現在：1 時間34分

◆大阪—東京間：約67分（2045年開通予定）
※現在：2 時間26分

◆ （見だし）リニア中央新幹線の開設により，日本は

（な）国になります。

【理由説明】

	パフォーマンスの尺度（評価の指標）
A	・リニア中央新幹線の開通に伴って日本（沿線周辺）がどのように変わるのかを「見だし」として表し，そのように言える理由を様々な立場の人が具体的にどのように生活が変化するのかを含めて多面的・多角的に考察して，ある程度具体的に説明している。
B	・リニア中央新幹線の開通に伴って日本（沿線周辺）がどのように変わるのかを「見だし」として表し，そのように言える理由を多面的・多角的に考察して，ある程度具体的に説明している。
C	・リニア中央新幹線の開通によって日本がどのように変化するのかを「見だし」として表現できていない。 ・中央リニア新幹線の開通による影響を踏まえた理由説明になっていない。

　年　　　組　　　番：氏名

文化祭で，九州地方の自然環境と人々の魅力についてスピーチしよう

生徒に身につけさせたい力

「日本の諸地域」では5つの考察の仕方を基とし，空間的相互依存作用や地域などに着目して主題を設けて課題を追究したり解決したりする活動を通して，地域的特色や課題に関する知識を身につけさせたい。加えて，中核となる事象の成立条件を，地域の広がりや地域内の結びつき，人々の対応などに着目して，他の事象やそこで生ずる課題と有機的に関連づけて，多面的・多角的に考察し，表現させていく。

九州地方は，台風や豪雨による洪水や土砂崩れなどが起こりやすい地域である。また，火山活動の盛んな地域でもあり，噴火への備えや火山灰への対処，シラス台地における課題に対応してきた人々の営みなど，同地方の自然環境と人々の営みから地域的特色をつかみやすいと言える。これらの特色や課題とその対応について生徒自ら価値を見いだして，まとめる活動を行うことを通して，単元末のパフォーマンス課題に取り組ませていく。

単元の目標

自然環境を中核とした考察の仕方を基にして，九州地方の地域的特色や課題を理解するとともに，地域の広がりや地域内の結びつき，人々の対応などに着目して，他の事象やそこで生ずる課題と有機的に関連づけて多面的・多角的に考察し，表現する。

単元の評価規準

知識・技能
・九州地方について，その地域的特色や地域の課題を理解している。 ・自然環境を中核とした考察の仕方で取り上げた特色ある事象とそれに関連する他の事象や，そこで生ずる課題や地域の魅力を理解している。

思考力・判断力・表現力
・九州地方において，自然環境を中核に設定した事象の成立条件を，地域の広がりや地域内の結びつき，人々の対応などに着目して，他の事象やそこで生ずる課題と有機的に関連づけて同地方の魅力を多面的・多角的に考察し，表現している。

主体的に学習に取り組む態度
・九州地方について，国家及び社会の担い手としてよりよい社会の実現を視野にそこで見られる課題やその対応を含めた地域の特色を主体的に追究しようとしている。

単元の指導計画

時	主な学習活動	評価
1	**◆九州地方の自然環境** ・雲仙普賢岳，阿蘇山や霧島山，桜島といった活火山の存在を中心に，火山灰が降り積もってできたシラス台地やリアス式海岸，さんご礁の広がる南西諸島など九州地方の地形的な特色について理解する。 ・海流の影響で冬でも温暖であること，梅雨から台風の時期にかけての豪雨などによって，人々の生活が受ける影響を考察する。	・九州地方の地図を活用してその自然環境を理解している。（知技） ・九州地方の気候的特色から起こり得る自然災害にどのようなものがあるのかを多面的・多角的に考察している。（思判表）
2	**◆九州地方の自然環境と人々の生活** ・諸資料から火山の噴火に備えた防災設備や火山灰に対する対策を読み取り，自然と向き合ってきた人々の姿を理解する。 ・火山による温泉の恵みを生かした観光開発や地熱発電などから，火山が九州地方の人々にとってどのようなものかを考察する。	・九州地方の人々がどのように自然環境と共存しているのかを理解している。（知技） ・九州地方の人々の自然環境から受ける恩恵を考慮しつつ，九州地方にとって火山がどのような存在なのかを多面的に考察している。（思判表）
3	**◆九州地方の自然環境と産業** ・諸資料から，冬でも温暖な気候を生かした畜産業，野菜の促成栽培や二毛作などが盛んであることを読み取り，自然と向き合ってきた九州地方の人々と農業の特色を理解する。 ・水はけのよいシラス台地で，なぜ野菜や茶などの作物生産が盛んになったのかを多面的に考察する。	・九州地方の自然環境を生かした農業の実態について理解している。（知技） ・農業に不向きなシラス台地をどのように活用しているのかを多面的に考察し，その結果を表現している。（思判表）
4	**◆南西諸島の自然環境と人々の生活** ・サンゴ礁が見られる暖かい海や白い砂浜，南国特有の植物や農作物や，大陸からの近さを背景とした独特の文化などがあることを諸資料から読み取り，観光業が盛んであることを理解する。 ・南西諸島の位置から受ける自然災害について多面的に考察する。	・南西諸島の自然環境の特色を諸資料から読み取り，理解している。（知技） ・南西諸島の位置から，発生しやすい災害とその対処法について多面的・多角的に考察している。（思判表）。
5	**◆「九州地方の自然と人々」をテーマとしたスピーチ原稿をつくろう** ・九州地方の自然環境とそれに向き合ってきた人々の営みについてまとめ，その魅力を文化祭で発表するためのスピーチ原稿にまとめる。 ・個人で考察した後，グループで意見発表を行い，よりよい形にまとめたうえでクラス全体へ向けて発表を行い，考えを深める。そして，最終的な自分のスピーチ原稿を仕上げる。	・九州地方の自然環境と人々の営みのどこに魅力を感じるかを多面的・多角的に考察し，その結果をスピーチ原稿という形で表現している。（思判表） ・学習課題に対するよりよい考えを主体的につくろうとしている。（態度）

授業展開例（第5時）

（1）パフォーマンス課題

> 近年豪雨や台風による自然災害によって，大きな被害を受けている九州地方の様子を目の当たりにしてきた中学生のあなたは，いつも心を痛めていました。しかし，その都度力強く立ちあがる人々の姿も，繰り返しテレビの特集などで目にしてきました。
>
> そんな九州地方の自然と向き合う姿に感動し，より多くの人たちにそのことを伝えたいと考えたあなたは，今年度の文化祭で行われる「中学生の主張〜社会部門〜」に参加することにしました。
>
> 「九州地方の自然環境と向き合う人々の魅力」をテーマとしてスピーチを行い，九州地方の人々の強さやそこから見える魅力について自分の見解を述べるつもりです。もちろん自然災害とその対応だけではなく，自然と共存してきた九州地方の人々の事例を複数取り入れて発表しましょう。
>
> このスピーチを通して，自分の住んでいる地域の人々に対して自然に対する思いをさらに高め，よりよい地域を形成していけるような主張をすることも目標とします。このような強い思いをもって，まずは原稿作成に着手するのでした。

（2）ルーブリックとその文例

	パフォーマンスの尺度（評価の指標）
A	・九州地方の自然環境に対する地域の人々の取組を複数具体的に取り上げ，九州地方の人々の魅力について多面的・多角的に考察し，自分の身近な地域に生かそうとしている。
B	・九州地方の自然環境に対する地域の人々の取組を具体的に取り上げ，九州地方の人々の魅力について考察し，その結果を表現している。
C	・九州地方の自然環境と向き合う人々の姿を取り上げて考察していない。 ・九州地方の人々の魅力に気づかせる内容になっていない。

（3）授業の流れ

①導入

　冒頭で，九州地方の特色ある自然環境と人々の営みについて，これまで学習してきた内容をまとめる。生徒の実態に応じて，いくつか自然環境の特色の例を教師が挙げるなどのフォローを入れることも考えられる。

　その際，九州地方の人々が自然を克服しようと努力してきた姿や，自然を活用しようとしてきた姿があることに留意させておく。

②展開

　パフォーマンス課題を提示して取り組ませる。その際，導入で確認した既習内容を活用するよう促していく。「自然環境と人々の営み」の中でも「魅力」と捉えることを各自考えて，スピーチの内容として取り上げるように促す。また，最終的に自分の身近な地域の自然環境に対する意識を高めるような内容になっているとよりよいことも生徒に伝える。

　まず5分ほどの時間をとって個人でスピーチ原稿の原型を考え，後にグループで意見を出し合い，それらをまとめ直したものをクラス全体へ発表するという形で深めさせていく。

③まとめ

　最終的な自分のスピーチ原稿をワークシートに記入させる。これらを通して，九州地方の自然環境と向き合う人々の姿を多面的・多角的に捉え，各地域に住む人々の努力や工夫に関心がもてるようにする。

評価基準Aの具体例（2の論述）

（例）自然に負けない九州地方の人々

　九州地方では梅雨の時期から台風の時期にかけて豪雨となることが多く，洪水や土砂崩れを起こしたりします。また，活火山が多く分布し，特に桜島などでは火山灰を噴出することがしばしばあります。しかし，九州の人々は，昔から台風に備えて石垣を高くつんで屋根を漆喰で固めた家をつくったりしてきました。また，火山の噴火に対して避難場所を設置したり，火山灰に対しては毎日の天気予報で風向き予測を行ったり，克灰袋をつくって回収したりするなど，火山に負けない生活を行っています。そして，ハザードマップを各地で作成して被害を少しでも削減しようとしてきています。

　また，シラス台地という水はけがよくて農業に向かない土地がありましたが，ダムなどのかんがい施設を整備して野菜や茶の栽培を盛んにするなど，自然に負けず，むしろそれを生かす形で自然と向き合っています。そんな九州地方の人々の自然に負けない取組が素敵だと思いませんか。

　私たちも，自分たちの地域の自然環境と向き合い，負けない生活をしていきましょう。

（例）自然を生かす九州地方の人々

　九州地方では活火山が多く，時に雲仙普賢岳のように大きな被害をもたらします。しかし，その火山の熱を利用して地熱発電を行ったり，温泉を中心に観光地開発を行ったりするなど，うまく自然を生かした生活を営んできています。南西諸島では温暖でサンゴ礁のきれいな海を生かした観光業を盛んに行うなど，自然を十分に生かした人々の営みが目立ちます。このような九州地方の人々の自然を生かす生活に魅力を感じませんか。

　私たちも身近な自然を生かした取組を考えていきましょう。

文化祭で，九州地方の自然環境と人々の魅力についてスピーチしよう

1 　九州地方の自然環境と人々の営み

《九州地方の自然環境の特色》
・冬でも比較的温暖な気候

〔自然環境と向き合う人々の営み〕
二毛作を行っている

2 　文化祭のスピーチ原稿をつくろう

　　近年豪雨や台風による自然災害によって，大きな被害を受けている九州地方の様子を目の当たりにしてきた中学生のあなたは，いつも心を痛めていました。しかし，その都度力強く立ちあがる人々の姿も，繰り返しテレビの特集などで目にしてきました。

　　そんな九州地方の自然と向き合う姿に感動し，より多くの人たちにそのことを伝えたいと考えたあなたは，今年度の文化祭で行われる「中学生の主張〜社会部門〜」に参加することにしました。

　　「九州地方の自然環境と向き合う人々の魅力」をテーマとしてスピーチを行い，九州地方の人々の強さやそこから見える魅力について自分の見解を述べるつもりです。もちろん自然災害とその対応だけではなく，自然と共存してきた九州地方の人々の事例を複数取り入れて発表しましょう。

　　このスピーチを通して，自分の住んでいる地域の人々に対して自然に対する思いをさらに高め，よりよい地域を形成していけるような主張をすることも目標とします。このような強い思いをもって，まずは原稿作成に着手するのでした。

文化祭〈中学生の主張〜社会部門〜〉スピーチ原稿

【タイトル】

（空欄）

【スピーチの内容】

（空欄）

	パフォーマンスの尺度（評価の指標）
A	・九州地方の自然環境に対する地域の人々の取組を複数具体的に取り上げ，九州地方の人々の魅力について多面的・多角的に考察し，自分の身近な地域に生かそうとしている。
B	・九州地方の自然環境に対する地域の人々の取組を具体的に取り上げ，九州地方の人々の魅力について考察し，その結果を表現している。
C	・九州地方の自然環境と向き合う人々の姿を取り上げて考察していない。 ・九州地方の人々の魅力に気づかせる内容になっていない。

年　　　組　　　番：氏名

豊予海峡ルートの建設による影響を考えよう

生徒に身につけさせたい力

　「日本の諸地域」では5つの考察の仕方を基とし，空間的相互依存作用や地域などに着目して主題を設けて課題を追究したり解決したりする活動を通して，地域的特色や課題に関する知識を身につけさせたい。加えて，中核となる事象の成立条件を，地域の広がりや地域内の結びつき，人々の対応などに着目して，他の事象やそこで生ずる課題と有機的に関連づけて多面的・多角的に考察し，表現させていく。

　中国・四国地方は，本州や九州と海で隔てられている地域である。したがって，これらを結ぶ本州四国連絡橋の建設による鉄道網と高速道路網の開通は，人々の生活に大きな変化をもたらした。中国・四国地方ではこの交通網の発達による影響を考察させつつ，建設予定の「豊予海峡ルート」が九州とつながることによってどのような影響が考えられるのかを，単元を通して学習した内容を活用して考えさせたい。

単元の目標

　交通や通信を中核とした考察の仕方を基にして，中国・四国地方の地域的特色や課題を理解するとともに，地域の広がりや地域内の結びつき，人々の対応などに着目して，他の事象やそこで生ずる課題と有機的に関連づけて多面的・多角的に考察し，表現する。

単元の評価規準

知識・技能
・中国・四国地方について，その地域的特色や地域の課題を理解している。
・交通や通信を中核とした考察の仕方で取り上げた特色ある事象とそれに関連する他の事象や，そこで生ずる課題や地域の魅力を理解している。

思考力・判断力・表現力
・中国・四国地方において，交通・通信を中核に設定した事象の成立条件を，地域の広がりや地域内の結びつき，人々の対応などに着目して，他の事象やそこで生ずる課題と有機的に関連づけて同地方の魅力を多面的・多角的に考察し，表現している。

主体的に学習に取り組む態度
・中国・四国地方について，国家及び社会の担い手としてよりよい社会の実現を視野にそこで見られる課題やその対応を含めた地域の特色を主体的に追究しようとしている。

単元の指導計画

時	主な学習活動	評価
1	**◆中国・四国地方の自然環境** ・3つの海と2つの山地で隔てられた地形から，山陰，瀬戸内，南四国に分けられること，それぞれの地域で気候が大きく違うことを理解する。 ・古くから，瀬戸内海がどのような役割を果たしていたのかを考察し，都のあった近畿地方と九州や大陸とを結ぶ重要な交通路であったことを理解する。	・中国・四国地方の地形や気候の特色を理解している。（知技） ・交通網という観点から瀬戸内海について考察し，その役割について表現している。（思判表）
2	**◆中国・四国地方の交通網の整備** ・本州四国連絡橋や高速道路の開通による影響を，諸資料を基に，様々な人々の立場に立って考察する。 ・本州四国連絡橋や高速道路の開通によって，課題であった移動時間の短縮や観光客の増加といったメリットや，フェリー航路の廃止や減便，ストロー現象によって地元商店街が受けた影響など新たに起こってきた課題について理解する。	・中国・四国地方の人々が，本州四国連絡橋や高速道路の開通によって大きな影響を受けたことを理解している。（知技） ・本州四国連絡橋や高速道路の開通による影響を多面的・多角的に考察している。（思判表）
3	**◆海運と陸運で結びつく産業** ・海上交通が発達した瀬戸内海沿岸だからこそ発達してきた工業について，諸資料から多面的・多角的に考察し，現在では石油化学工業をはじめとする重化学工業が盛んであることを理解する。 ・愛媛県のみかんや高知県の促成栽培など気候を利用した農産物が，全国に出荷される高速道路や橋が開通することで全国に出荷されるようになったことを理解する。	・海上交通や陸上交通の発達によって，重化学工業が発展し，農産品も全国に出荷しやすくなり，売り上げが安定したことを理解している。（知技） ・海上交通や陸上交通の発達が，工業や農業の発展に与える影響について多面的・多角的に考察している。（思判表）
4	**◆交通・通信網の発達と観光業** ・過疎化が進む山間部や離島において起こっている課題に対して，交通・通信網の発達が地域にとってどのような影響を与えるのかを諸資料を基に考察する。 ・交通・通信網の発達が，観光客を呼び寄せる土台となっていたり，インターネットの普及が地域の物産を販売，出荷しやすくしていたりする現状について理解する。	・過疎地域をはじめとする地域において，交通・通信網の発達によって地域おこしが進んでいることを理解している。（知技） ・過疎地域における交通・通信網の発達による影響について多面的・多角的に考察し，表現している。（思態表）
5	**◆新たな交通網の建設による影響を考えよう** ・これまで学習してきた，交通網の発達によるメリットやデメリットを踏まえて，豊予海峡ルートの建設による影響について多面的・多角的に考察し，その判断の理由について表現する。 ・まず個人で考察した後にグループで話し合い，最後に全体で共有して理解や思考を深める。	・豊予海峡ルートの建設は，大分や愛媛をはじめとする周辺地域にとってよりよいものになるのかどうかを多面的・多角的に考察し，その結果を表現している。（思判表） ・豊予海峡ルートの建設の是非について主体的に追究しようとしている。（態度）

授業展開例（第5時）

（1）パフォーマンス課題

> 　30年ほど前にもちあがっていた豊予海峡ルート（四国—九州をつなぐ橋，あるいはトンネル）を建設しようという計画が近年，また注目を集めています。愛媛県として2016年から2019年にかけて調査を行い，現実的に検討しているためです。
>
> 　調査の結果，現実的に建設して採算をとる（元をとる）ことは可能であると報告があがってきました。この報告を基に，知事は建設を進めるのか当面は建設しないのか，そして，その理由を次の議会で説明することになりました。
>
> 　あなたは，愛媛県知事を支える地域政党の議員です。次の議会で方針を発表する知事のために，建設を知事に勧めるのか，それとも思いとどまるように働きかけるのか，報告書をまとめなければなりません。
> 　どちらがよりよい愛媛県につながるとあなたは判断しますか。
>
> 　新たな交通網（本州四国連絡橋など）の開通によって，人々がどのような影響を受けたかはすでに調査済みです（単元の学習内容）。これらを生かしてまずは同党のメンバーと話し合い，最終的に知事への報告書をつくります。知事からの信頼の厚いあなたの報告書はこの大プロジェクトを左右するものとなるでしょう。集められるだけの資料の範囲（教科書，地図帳，資料集など）で，全力で報告書をつくりましょう。
> ※議会には，傍聴者として，地元の商店街関係者／フェリー業者／農家／ホテル（旅館）経営者／工場経営者／一般人（学生，会社員など）などが聴きに来ます。彼らのことを十分に配慮したうえで，できる限りみんなが納得できる判断をしていきましょう。

（2）ルーブリックとその文例

	パフォーマンスの尺度（評価の指標）
A	・豊予海峡ルートの開設によって地元の愛媛県が受けるであろう影響を，多面的・多角的に考察してその結果から導き出される結論（開設するか開設しないか）をわかりやすく表現し，賛成派，あるいは反対派にとってもそれぞれのことを配慮した説明をしている。
B	・豊予海峡ルートの開設によって地元の愛媛県が受けるであろう影響を，多面的・多角的に考察し，その結果から導き出される結論をわかりやすく表現している。
C	・豊予海峡ルートの建設による影響について適切に考察していない。また，考察した豊予海峡ルートの開設による影響から，論理的な結論が導き出せていない。

（3）授業の流れ

　冒頭で，本州四国連絡橋をはじめとする交通網の開設によって地元の人々が受けた理由を，これまでの学習内容を踏まえて6つの立場でそれぞれまとめさせる。

　パフォーマンス課題を提示して取り組ませる。現実に存在する豊予海峡ルートの概要を地図で示し，地元となる愛媛県の人々が受ける影響を，導入でまとめた表を基に多角的に考察させる。そして，メリット・デメリットを踏まえたうえで，愛媛の様々な人々の立場に立って豊予海峡ルート建設の是非を判断させる活動を行う。最初は個人で考え，後にグループで議論をしながら考えをまとめ，最後は全体発表を行う。教師はコーディネーターとして調整する。

　最終的な自分の意見をワークシートに記入させる。そして，例えば，災害時の交通網の多様化が見込めるなど，交通網が広がることによる新たな視点を得られるようにし，今後も交通網の広がりによる影響を主体的に追究していく姿勢をもたせる。

評価基準Aの具体例（2の論述）

（例）造るべきです

　豊予海峡ルートの建設を進めるべきです。なぜなら，九州地方に対する愛媛県の特産であるみかんの出荷が増加すると考えられますし，地元の道後温泉などの観光地も九州方面からの観光客の増加によって潤うと考えられます。また，従来の船による移動よりも自動車などで移動できるようになるため，通勤・通学する人々にとって利便性が高まり，よりよい愛媛県につながると考えます。このルートの開設によってストロー現象が起こることも考えられますが，県として地元の活性化のために商店街や企業を支援することも併せて考えていきましょう。

（例）当面は造るべきではありません

　豊予海峡ルートの建設は進めるべきではありません。なぜなら，豊予海峡ルートを建設することによって，ストロー現象が起き，地元の客を，大分県をはじめとする九州地方の大きな都市に取られてしまう可能性があるためです。また，現在九州地方からやってくる観光客が日帰りで帰れるようになるため，地元観光業のホテルや旅館に宿泊する客が少なくなる可能性が出ていきます。しっかりと戦略を練ったうえで開設しないことには，愛媛県の人たちにとってデメリットが生まれる可能性が高いと思います。したがって，豊予海峡ルートの建設はやめるべきだと考えます。

　建設によるメリットが考えられる地元のみかん農家や観光業者にとっては直接の売上増は見込めませんが，県としても発達した通信網を活用してインターネットやSNSなどで地元のよさをアピールすることで，さらなる活性化を進めていく形で支援していきましょう。

豊予海峡ルートの建設による影響を考えよう

1　本州四国連絡橋その他交通網の開設による中国・四国地方の人々への影響

立場	メリット	デメリット
商店街関係者		
フェリー業者		
農家		
ホテル（旅館） 経営者		
工場経営者		
一般人 （学生，会社員など）		

2　レポートの作成

　　30年ほど前にもちあがっていた豊予海峡ルート（四国―九州をつなぐ橋，あるいはトンネル）を建設しようという計画が近年，また注目を集めています。愛媛県として2016年から2019年にかけて調査を行い，現実的に検討しているためです。

　　調査の結果，現実的に建設して採算をとる（元をとる）ことは可能であると報告があがってきました。この報告を基に，知事は建設を進めるのか当面は建設しないのか，そして，その理由を次の議会で説明することになりました。

　　あなたは，愛媛県知事を支える地域政党の議員です。次の議会で方針を発表する知事のために，建設を知事に勧めるのか，それとも思いとどまるように働きかけるのか，報告書をまとめなければなりません。どちらがよりよい愛媛県につながるとあなたは判断しますか。

　　新たな交通網（本州四国連絡橋など）の開通によって，人々がどのような影響を受けたかはすでに調査済みです（単元の学習内容）。これらを生かしてまずは同党のメンバーと話し合い，最終的に知事への報告書をつくります。知事からの信頼の厚いあなたの報告書はこの大プロジェクトを左右するものとなるでしょう。集められるだけの資料の範囲（教科書，地図帳，資料集など）で，全力で報告書をつくりましょう。

※議会には，傍聴者として，地元の商店街関係者／フェリー業者／農家／ホテル（旅館）経営者／工場経営者／一般人（学生，会社員など）などが聴きに来ます。彼らのことを十分に配慮したうえで，できる限りみんなが納得できる判断をしていきましょう。

106

報告書	《豊予海峡ルート（四国—九州を繋ぐ橋，あるいはトンネル）を》

・造るべきです　　・当面は造るべきではありません

なぜなら

....

....

....

....

....

....

....

....

（地図）

豊予海峡ルート建設案（橋orトンネル）

	パフォーマンスの尺度（評価の指標）
A	・豊予海峡ルートの開設によって地元の愛媛県が受けるであろう影響を，多面的・多角的に考察してその結果から導き出される結論（開設するか開設しないか）をわかりやすく表現し，賛成派，あるいは反対派にとってもそれぞれのことを配慮した説明をしている。
B	・豊予海峡ルートの開設によって地元の愛媛県が受けるであろう影響を，多面的・多角的に考察し，その結果から導き出される結論をわかりやすく表現している。
C	・豊予海峡ルートの建設による影響について適切に考察していない。また，考察した豊予海峡ルートの開設による影響から，論理的な結論が導き出せていない。

年　　　　組　　　番：氏名

市内にパリ風の歩道橋を架けるべきか どうかを考えよう

生徒に身につけさせたい力

　「日本の諸地域」では5つの考察の仕方を基とし，空間的相互依存作用や地域などに着目して主題を設けて課題を追究したり解決したりする活動を通して，地域的特色や課題に関する知識を身につけさせたい。加えて，中核となる事象の成立条件を，地域の広がりや地域内の結びつき，人々の対応などに着目して，他の事象やそこで生ずる課題と有機的に関連づけて，多面的・多角的に考察し，表現させていく。近畿地方は，歴史的な背景の中で根づいてきた伝統的な工業や林業，歴史的景観や文化財を資源とした観光業など，その地域的特色を生かした産業が数多く見られる。特に，京都市では歴史的景観に配慮した条例があり，地域によって看板などの色使いや建物の高さ制限を設けるなどしている。様々産業が人々の生活を支えてきたことを踏まえ，京都の景観をとるのか，その他の産業の活性化をとるのかを考察させることで，産業と人々の生活の関係を通して持続可能な地域について考える力を身につけさせる。

単元の目標

　産業を中核とした考察の仕方を基にして，近畿地方の地域的特色や課題を理解するとともに，地域の広がりや地域内の結びつき，人々の対応などに着目して，他の事象やそこで生ずる課題と有機的に関連づけて多面的・多角的に考察し，表現する。

単元の評価規準

知識・技能
・近畿地方について，その地域的特色や地域の課題を理解している。 ・産業を中核とした考察の仕方で取り上げた特色ある事象とそれに関連する他の事象や，そこで生ずる課題や地域の魅力を理解している。
思考力・判断力・表現力
・近畿地方において，産業を中核に設定した事象の成立条件を，地域の広がりや地域内の結びつき，人々の対応などに着目して，他の事象やそこで生ずる課題と有機的に関連づけて同地方の魅力を多面的・多角的に考察し，表現している。
主体的に学習に取り組む態度
・近畿地方について，国家及び社会の担い手としてよりよい社会の実現を視野にそこで見られる課題やその対応を含めた地域の特色を主体的に追究しようとしている。

単元の指導計画

時	主な学習活動	評価
1	**◆近畿地方の自然環境と歴史的背景** ・日本最大の湖とそこから流れ出る淀川がつくる大阪平野，南北の山地に囲まれた中央部の盆地，山地で隔てられた日本海側と太平洋側の気候的特色などを地図から読み取って理解する。 ・文化財の日本全国の分布を示す資料などから，近畿地方がどのような特色をもった地域なのかを考察する。	・近畿地方の地形や気候の特色を理解している。（知技） ・自然環境や文化財の分布から予想される人々の生活について多面的・多角的に考察している。（思判表）
2	**◆阪神工業地帯や商業と人々の生活** ・阪神工業地帯の主な工業分布図などから特色やその成立条件について理解するとともに，公害の発生とその対策について捉える。 ・東大阪市をはじめとする内陸部に中小企業が集中していること，大阪市で商業が発達していることを諸資料から読み取る。そして，その成立条件や騒音，振動などの課題とその対策などについて考察する。	・阪神工業地帯や大阪市の商業の特色について理解している。（知技） ・阪神工業地帯や大阪市の商業の成立条件を，自然条件や歴史的背景，交通・通信網の発達などに着目して様々な事象と関連づけて多面的・多角的に考察している。（思判表）
3	**◆紀伊山地や農村部の産業と人々の生活** ・紀伊山地で盛んな林業の現状と課題を諸資料から捉え，林業人口の減少や高齢化の背景と森林の管理や整備など今後の課題や対策について考察する。 ・京都の茶や伝統的な野菜の生産について現状における課題を捉える。 ・どの地域でも景観や歴史的背景を生かして観光客を呼び込むなどの活性化を図っていることをつかむ。	・紀伊山地や宇治などの産業の特色を通して，地域的特色や課題を理解している。（知技） ・近畿地方各地の産業をめぐる課題について多面的・多角的に捉え，その対策について考察している。（思判表）
4	**◆京都・奈良の観光業と人々の生活** ・京都や奈良は修学旅行をはじめとした観光地として大勢の人が訪れていることを捉えてその理由を古都京都・奈良の歴史的な街並みや伝統工芸品などから考察する。また，これらを保存していくために地域の人々が努力と工夫を重ねていることや，生活上の課題なども理解する。 ・京都の伝統工芸品や京野菜について理解し，これらが成り立ってきた歴史的背景との関連を考察する。	・京都や奈良が観光地として栄える理由から地域的特色を理解している。（知技） ・京都や奈良が観光地として人々を惹きつける理由について多面的・多角的に考察している。（思判表）
5	**◆持続可能な京都市へ向けて大切にすべきこと** 京都の三条大橋と四条大橋の間にフランス風の橋を架けるプランがもちあがったとして（過去の事実），持続可能な地域へ向けて，それに賛成か反対かを，産業の視点を中心に多面的・多角的に考察させる。	・観光業で栄える京都の成立条件や地域内や他地域との結びつきなどを多面的・多角的に考察し，その結果を学習課題に対する見解を出す形で表現している。（思判表） ・持続可能な京都について主体的に追究しようとしている。（態度）

授業展開例（第5時）

（1）パフォーマンス課題

> 　「セーヌ川のアーチ橋をモデルとして，京都の鴨川（三条大橋と四条大橋の間）にパリ風の歩道橋を架けてはどうでしょうか」と，京都市と友好都市提携をしているパリ市長からの提案がありました。京都市長がこの提案をどうしようかと検討していたところ，このような計画があることがマスコミによって広く伝えられ，世間で賛成，反対に分かれて論争が巻き起こってしまいました。
>
> 　そこで，市長は自らの見解を表明する必要を感じ，近々地元の市民や商業を営む人々などを集めて会見を開くことにしました。
>
> 　市長は会見を前に，産業観光局課長であるあなたに意見を求めてきました。あなたは，パリ風の橋が京都市内に架かることによる，産業（特に商業や観光業）に与える影響について調べ，自分自身の意見を添えたレポートを作成し，市長に直接説明をすることにしました。橋を架けることによるメリットやデメリットを中心に，様々な影響をできる限り考慮に入れたものにしましょう。
>
> 　市長はあなたに対して厚い信頼をもっています。そんなあなたの意見は大変重要です。持続可能な京都市のために，どのようにすべきなのか，理由を明確にして具体的かつわかりやすく市長に伝えましょう。

（2）ルーブリックとその文例

	パフォーマンスの尺度（評価の指標）
A	・よりよい京都市へ向けてパリ風歩道橋を架けた方がよいのかどうかを，京都市の産業の特色を踏まえつつ様々な人の立場に立って考えたうえで判断し，その理由をある程度具体的に説明している。
B	・よりよい京都市へ向けてパリ風歩道橋を架けた方がよいのかどうかを，京都市の産業の特色を踏まえて判断し，その理由をある程度具体的に説明している。
C	・よりよい京都市へ向けて，京都市にパリ風歩道橋を架けた方がよいのかどうかを判断できていない。 ・京都市の産業の特色を踏まえた理由を考えることができていない。

（3）授業の流れ

①導入

　冒頭で，ここまで学んできた産業と人々の生活（特に第4時）を基に，京都市の主要産業をまとめ，歴史的景観や文化財，伝統工芸品などを生かした観光業が盛んであることを復習す

る。また，京都市の三条から四条にかけての略地図から，この地域ではどのような産業や生活があるのかを簡単に考えさせ，商業や観光業が盛んであることを読み取る。

②展開

　パフォーマンス課題を提示して取り組ませる。個人で考えさせた後，取り上げる地域ごとに4人程度のグループをつくって協議させる。

　歴史的景観が京都市の観光業の目玉であり，その景観を守るために条例をつくって高さや色使いなども規制してきた背景を学んでいる。そのうえでパリ風歩道橋の是非を問うと，大半の生徒が建設反対を訴えると考えられる。そこで，三条大橋と四条大橋の間に橋ができることで行き来するのが便利になり，この地域の観光や買い物などを活性化できる可能性があることなど空間的相互依存作用に注目させつつ，京都市の商業や観光業について考察するように班活動時に教師がアドバイスするなどして深い学びに導いていくことが望ましい。

　班内でも意見を戦わせて，意見がまとまらないなら，そこで出てきた意見をクラス全体へ向けて発表させる。他班の発表はメモを取らせるなどする。

③まとめ

　最終的な自分の意見をワークシートに記入させる。

※1997年に実際に行われた京都市の景観論争をベースにしています。

評価基準Aの具体例（3の論述）

（例）建設すべきだと考えます

　なぜなら，歩道橋を造ることで，地元の人たちの行き来がしやすくなり，地域の商店街や土産物屋が回りやすくなるなど，観光客にとっても地元の人たちにとっても大変有益だと考えられるからです。確かに京都市の歴史的景観は少々崩れるかもしれませんが，京都市自体は近代的なビルなども多数ありますし，新たな観光スポットとして観光客が増える可能性が高いです。長い目で見ると，地元のためにも観光客のためにもなるので，持続可能な京都市のことを考えると，パリ風の歩道橋を建設すべきではないでしょうか。

（例）建設すべきではないと考えます

　京都市は歴史的景観を大切にして，それを保存する活動を行ってきました。それが観光資源となって多くの観光客が来てくれていました。そこにフランス風の歩道橋を架けると，風情が失われてしまって，魅力が弱まってしまうと思います。

　確かに歩きやすくなったり，買い物や配達などで便利になったりするとは思います。しかし，昔の人たちも同じ環境で生きてきたわけですので，少々不便なことも歴史を感じる一つの要素として考えてもらえばいいのではないでしょうか。したがって，パリ風の歩道橋は今の京都市に建設すべきではないと考えます。

市内にパリ風の歩道橋を架けるべきかどうかを考えよう

1　これまでの授業の振り返り

★京都市で盛んな産業とその背景をまとめましょう。

京都市の主な産業	背景（その産業が盛んな理由）

2　三条大橋と四条大橋周辺ではどのような産業や生活がある？

★三条大橋と四条大橋周辺ではどのような産業や生活があ
るのか，右の資料や地図帳の京都市街図から読み取りま
しょう。

京都市三条〜四条周辺の略図

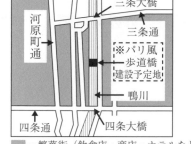

…繁華街（飲食店・商店・ホテルなど）

3　京都市長に「パリ風歩道橋建設の是非」について提言しよう

　「セーヌ川のアーチ橋をモデルとして，京都の鴨川（三条大橋と四条大橋の間）にパリ風の歩道橋
を架けてはどうでしょうか」と，京都市と友好都市提携をしているパリ市長からの提案がありまし
た。京都市長がこの提案をどうしようかと検討していたところ，このような計画があることがマス
コミによって広く伝えられ，世間で賛成，反対に分かれて論争が巻き起こってしまいました。
　そこで，市長は自らの見解を表明する必要を感じ，近々地元の市民や商業を営む人々などを集め
て会見を開くことにしました。
　市長は会見を前に，産業観光局課長であるあなたに意見を求めてきました。あなたは，パリ風の
橋が京都市内に架かることによる，産業（特に商業や観光業）に与える影響について調べ，自分自
身の意見を添えたレポートを作成し，市長に直接説明をすることにしました。橋を架けることによ

るメリットやデメリットを中心に，様々な影響をできる限り考慮に入れたものにしましょう。

　　市長はあなたに対して厚い信頼をもっています。そんなあなたの意見は大変重要です。持続可能な京都市のために，どのようにすべきなのか，理由を明確にして具体的かつわかりやすく市長に伝えましょう。

市長，私は京都市の鴨川（三条大橋と四条大橋の間）にパリ風の歩道橋を（○をつける）

建設すべきだと考えます 　・　建設すべきではないと考えます

その理由は，

	パフォーマンスの尺度（評価の指標）
A	・よりよい京都市へ向けてパリ風歩道橋を架けた方がよいのかどうかを，京都市の産業の特色を踏まえつつ様々な人の立場に立って考えたうえで判断し，その理由をある程度具体的に説明している。
B	・よりよい京都市へ向けてパリ風歩道橋を架けた方がよいのかどうかを，京都市の産業の特色を踏まえて判断し，その理由をある程度具体的に説明している。
C	・よりよい京都市へ向けて，京都市にパリ風歩道橋を架けた方がよいのかどうかを判断できていない。 ・京都市の産業の特色を踏まえた理由を考えることができていない。

年　　　組　　　番：氏名

中部地方の産業をアピールする キャッチフレーズを考えよう

生徒に身につけさせたい力

　「日本の諸地域」では5つの考察の仕方を基とし，空間的相互依存作用や地域などに着目して主題を設けて課題を追究したり解決したりする活動を通して，地域的特色や課題に関する知識を身につけさせたい。加えて，中核となる事象の成立条件を，地域の広がりや地域内の結びつき，人々の対応などに着目して，他の事象やそこで生ずる課題と有機的に関連づけて多面的・多角的に考察し，表現させていく。中部地方は，北陸，中央高地，東海に分けられ，気候風土や文化もそれぞれに独特のものがある。それゆえ，中部地方という形で一括りにはされているが，地域ごとに特色ある産業が根づいている。したがって今回は，3つの地域それぞれの産業の課題や特色を踏まえたキャッチフレーズをグループごとにつけさせ，全体で発表させる授業を展開する。最終的には3つの地域それぞれの特色を踏まえたキャッチフレーズから中部地方全体の産業の特色を考え，理解を深めさせていく。

単元の目標

　産業を中核とした考察の仕方を基にして，中部地方の地域的特色や課題を理解するとともに，地域の広がりや地域内の結びつき，人々の対応などに着目して，他の事象やそこで生ずる課題と有機的に関連づけて多面的・多角的に考察し，表現する。

単元の評価規準

知識・技能
・中部地方について，その地域的特色や地域の課題を理解している。 ・産業を中核とした考察の仕方で取り上げた特色ある事象とそれに関連する他の事象や，そこで生ずる課題や地域の魅力を理解している。

思考力・判断力・表現力
・中部地方において，産業を中核に設定した事象の成立条件を，地域の広がりや地域内の結びつき，人々の対応などに着目して，他の事象やそこで生ずる課題と有機的に関連づけて同地方の魅力を多面的・多角的に考察し，表現している。

主体的に学習に取り組む態度
・中部地方について，国家及び社会の担い手としてよりよい社会の実現を視野にそこで見られる課題やその対応を含めた地域の特色を主体的に追究しようとしている。

単元の指導計画

時	主な学習活動	評価
1	**◆中部地方の自然環境** ・中部地方の地形について，日本アルプスとそこから流れ出す河川のつくり出す盆地や平地があることを理解する。 ・中部地方が北陸，中央高地，東海に分かれており，それぞれの特徴的気候と生活文化や産業が発展してきたことを，諸資料を通して多面的・多角的に捉え，理解する。	・中部地方の地形や気候の特色を理解している。（知技） ・産業という観点から中部地方について考察し，その可能性について表現している。（思判表）
2	**◆北陸の産業と地域的特色** ・北陸で盛んに行われている稲作や地場産業について理解する。また，なぜ北陸でこれらの産業が発達しているのかを，雪深い自然条件や地域の人々の工夫などの視点から多面的・多角的に考察する。 ・北陸の特色ある産業をテーマとして，北陸にキャッチフレーズをつける。	・北陸の産業の特色を通して，地域的特色や課題を理解している。（知技） ・北陸の産業の成立条件を，自然条件や，人々の対応，地域内や他地域との結びつきなどに着目して様々な事象と関連づけて多面的・多角的に考察している。（思判表）
3	**◆中央高地の産業と地域的特色** ・中央高地では高原野菜や果樹栽培，精密機械工業などが盛んに行われていることを理解する。また，なぜ中央高地ではこれらの産業が発達しているのかを，自然条件や歴史的背景，交通網との関連などから多面的・多角的に考察する。 ・中央高地の特色ある産業をテーマとして，中央高地にキャッチフレーズをつける。	・中央高地の産業の特色を通して，地域的特色や課題を理解している。（知技） ・中央高地の産業の成立条件を，自然条件や，人々の対応，地域内や他地域との結びつきなどに着目して様々な事象と関連づけて多面的・多角的に考察している。（思判表）
4	**◆東海の産業と地域的特色** ・東海で盛んに行われている露地栽培や施設園芸農業，輸送機械工業や楽器の生産などについて理解する。また，なぜ東海ではこれらの産業が発達しているのかを，自然条件や歴史的背景，交通機関の発達，人々の工夫と努力などとの関連などの視点から多面的・多角的に考察する。 ・東海の特色ある産業をテーマとして，東海にキャッチフレーズをつける。	・東海の産業の特色を通して，地域的特色や課題を理解している。（知技） ・東海の産業の成立条件を，自然条件や，人々の対応，地域内や他地域との結びつきなどに着目して様々な事象と関連づけて多面的・多角的に考察している。（思判表）
5	**◆中部地方にキャッチフレーズをつけよう** ・グループごとに担当となった地域（北陸，中央高地，東海）の産業をテーマとしたキャッチフレーズについて多面的・多角的に考察し，設定理由を表現する。 ・グループごとに各地域のキャッチフレーズを発表し合い，理解を深めるとともに，最終的に個人で中部地方全体のキャッチフレーズについて多面的・多角的に考察し，その結果をレポートの形で表現する。	・地域ごとの産業を，その成立条件や地域内や他地域との結びつきなどを多面的・多角的に考察し，その結果を，キャッチフレーズの形で表現している。（思判表） ・中部地方の産業をテーマとしたキャッチフレーズについて主体的に追究しようとしている。（態度）

授業展開例（第5時）

（1）パフォーマンス課題

> 　このたび，「中部地方：産業キャッチフレーズ祭」が開催されます。
> 　キャッチフレーズとは，宣伝・広告などで，人の心を捉えるように工夫された印象の強い文句のことです。今回の祭の趣旨は，
>
> > 　中部地方の得意とする産業にまつわるキャッチフレーズを設定し，中部地方の産業を全国にアピールし，地元を元気にしよう！
>
> というものです。まず，あなたたちは，中部地方各地で実施される「北陸大会」「中央高地大会」「東海大会」に応募して，入選を目指します。「北陸大会」「中央高地大会」「東海大会」のいずれかを選び，その地域の産業を表すキャッチフレーズを一言で考え，そこに込められた意味を説明する形で応募します。
> 　審査基準は，①各地域の得意とする産業を複数取り上げて一言で表しているかどうか，②設定の理由が，産業と地域的特色を関連づけたものになっているかどうか，③各地域の人たちが元気になったり，他地域の人たちが魅力を感じたりできる内容になっているか，です。
> 　シンプルなキャッチフレーズと詳しい説明で中部地方の魅力を伝えていきましょう。

（2）ルーブリックとその文例

	パフォーマンスの尺度（評価の指標）
A	・北陸，中央高地，東海いずれかの地域の特色ある産業を複数取り上げてその共通点をまとめる形でキャッチフレーズを考え，なぜそのように設定したのかを，地域的特色を基にした成立条件やそこに生きる人々の思いなどに着目しながら説明している。
B	・北陸，中央高地，東海いずれかの地域の特色ある産業を取り上げてキャッチフレーズを考え，なぜそのように設定したのかを，地域的特色を基にした成立条件などに着目しながら説明している。
C	・キャッチフレーズが地域の産業や地域的特色と関連していない。 ・キャッチフレーズの説明がわかりにくく，具体性が乏しいものとなっている。

（3）授業の流れ

　冒頭で，第2〜4時で学んできた北陸，中央高地，東海の3つの地域の特色ある産業とその成立条件を簡単にまとめさせる。すでにしっかりとしたキャッチフレーズを考えている場合はそれを念頭におきつつ振り返らせる。

　パフォーマンス課題を提示して取り組ませる。その際，3つの地域のどの地域を取り上げたいか，生徒の希望を聞いて取り組ませることで主体性を高める（人数バランスがよくない場合は無理のない範囲で調整する）。また，審査基準に注意させつつ地域的特色と関連づけることが入選の条件であることを理解させる。

　個人で考えた後，取り上げる地域ごとに4人程度のグループをつくって協議させる。その中で出てきたものをまとめるか，よりよいとグループ全体で認められたものをクラス全体へ向けて発表させる。自分が取り上げた地域以外の発表についてもメモを取らせるなどして，中部地方全体の振り返りや考察につながるよう配慮する。

　最終的な自分の意見をワークシートに記入させる。そして，産業を中核として考察していくことで，地域の自然環境や人々の営みが見えてくることを理解させ，今後の諸地域学習に生かしていくように示唆する。

評価基準Aの具体例（2の論述）

（例）北陸
【キャッチフレーズ】雪の結晶〜北陸の産業〜
【説明】北陸では何と言っても全国有数の生産量の米と伝統工芸品が誇りですが，これらは雪と大変深い関係があります。稲作に必要な大量の水は雪どけ水から得ることができます。また，冬になると雪で覆われる北陸では冬の間の農作業が困難であり，家の中で作業のできる工芸品を伝統的に作成してきたために，今や地場産業となりました。特に小千谷ちぢみは雪にさらすことで染め模様をきれいに仕上げることができます。このように，北陸の誇りある産業は雪に負けずに努力を重ねてきた，まさしく「雪の結晶」と言ってよいものとなっています。

（例）中央高地
【キャッチフレーズ】自然を活用！　たくましい産業〜中央高地〜
【説明】中央高地では，野辺山原をはじめとする，夏でも涼しい気候を利用してレタスなどの高原野菜を栽培したり，水はけのよい扇状地を利用して現在ではブドウなどの果樹栽培を行ったりするなど自然環境をうまく生かした産業が盛んです。ただし，これらは水田に向かないという理由から始められたという経緯もあり，地域の厳しい自然環境に屈しない地元の人たちの努力と工夫の姿，つまり「自然を活用」した「たくましい産業」と言えると思います。

中部地方の産業をアピールするキャッチフレーズを考えよう

1　各地域の特色ある産業とその成立条件をまとめよう

地域	特色ある産業	成立条件
北陸		
中央高地		
東海		

2　キャッチフレーズを考えよう

　このたび，「中部地方：産業キャッチフレーズ祭」が開催されます。

　キャッチフレーズとは，宣伝・広告などで，人の心を捉えるように工夫された印象の強い文句のことです。今回の祭の趣旨は，

> 　中部地方の得意とする産業にまつわるキャッチフレーズを設定し，中部地方の産業を全国にアピールし，地元を元気にしよう！

というものです。まず，あなたたちは，中部地方各地で実施される「北陸大会」「中央高地大会」「東海大会」に応募して，入選を目指します。「北陸大会」「中央高地大会」「東海大会」のいずれかを選び，その地域の産業を表すキャッチフレーズを一言で考え，そこに込められた意味を説明する形で応募します。

　審査基準は，①各地域の得意とする産業を複数取り上げて一言で表しているかどうか，②設定の理由が，産業と地域的特色を関連づけたものになっているかどうか，③各地域の人たちが元気になったり，他地域の人たちが魅力を感じたりできる内容になっているか，です。

　シンプルなキャッチフレーズと詳しい説明で中部地方の魅力を伝えていきましょう。

中部地方キャッチフレーズ大会：応募用紙

※【 北陸 ・ 中央高地 ・ 東海 】のキャッチフレーズ

その理由は，
....
....
....
....
....
....
....
....
....

	パフォーマンスの尺度（評価の指標）
A	・北陸，中央高地，東海いずれかの地域の特色ある産業を複数取り上げてその共通点をまとめる形でキャッチフレーズを考え，なぜそのように設定したのかを，地域的特色を基にした成立条件やそこに生きる人々の思いなどに着目しながら説明している。
B	・北陸，中央高地，東海いずれかの地域の特色ある産業を取り上げてキャッチフレーズを考え，なぜそのように設定したのかを，地域的特色を基にした成立条件などに着目しながら説明している。
C	・キャッチフレーズが地域の産業や地域的特色と関連していない。 ・キャッチフレーズの説明がわかりにくく，具体性が乏しいものとなっている。

年　　　組　　　番：氏名

首都直下型地震に伴う課題と対策を考えよう

生徒に身につけさせたい力

　「日本の諸地域」では5つの考察の仕方を基とし，空間的相互依存作用や地域などに着目して主題を設けて課題を追究したり解決したりする活動を通して，地域的特色や課題に関する知識を身につけさせたい。加えて，中核となる事象の成立条件を，地域の広がりや地域内の結びつき，人々の対応などに着目して，他の事象やそこで生ずる課題と有機的に関連づけて多面的・多角的に考察し，表現させていく。関東地方は，首都東京を含む国内最大の人口集積地である。したがって，人口や都市・村落を中核とした考察の仕方を基にした単元計画を設定する。つまり，関東地方の人口の分布や動態，都市・村落の立地や機能に関する特色ある事象を中核として，それをそこに暮らす人々の生活・文化や産業などに関する事象と関連づけ，人口や都市・村落が地域の人々の生活・文化や産業などと深い関係をもっていることや，過疎・過密問題の存在が，防災の面でも課題となることを考察させる。

単元の目標

　人口や都市・村落を中核とした考察の仕方を基にして，関東地方の地域的特色や課題を理解するとともに，地域の広がりや地域内の結びつき，人々の対応などに着目して，他の事象やそこで生ずる課題と有機的に関連づけて多面的・多角的に考察し，表現する。

単元の評価規準

知識・技能
・関東地方について，その地域的特色や地域の課題を理解している。
・人口や都市・村落を中核とした考察の仕方で取り上げた特色ある事象とそれに関連する他の事象や，そこで生ずる課題や地域の魅力を理解している。
思考力・判断力・表現力
・関東地方において，人口や都市・村落を中核に設定した事象の成立条件を，地域の広がりや地域内の結びつき，人々の対応などに着目して，他の事象やそこで生ずる課題と有機的に関連づけて同地方の魅力を多面的・多角的に考察し，表現している。
主体的に学習に取り組む態度
・関東地方について，国家及び社会の担い手としてよりよい社会の実現を視野にそこで見られる課題やその対応を含めた地域の特色を主体的に追究しようとしている。

単元の指導計画

時	主な学習活動	評価
1	**◆関東地方の人口分布の特色と自然環境** ・単元を貫く問いに対して，他地方と関東地方，関東地方内での人口の偏りを諸資料から読み取ってその課題について理解する。 ・関東地方における人口偏在の要因について関東平野や水資源など自然環境や歴史的背景との関連を資料から読み取り，関東地方の将来像を考察する。	・人口分布を表す諸資料を通して，関東地方の地域的特色を理解し，課題を理解している。（知技） ・把握した関東地方の地域的特色を基に，これからの関東地方の将来像を，多面的・多角的に考察している。（思判表）
2	**◆人々が集中する首都東京** 首都である東京は，政治，経済，文化，商業，情報，教育の中心地として世界の国々や日本国内の諸地域との結びつきが強いため，交通機関も充実し，多くの人々が集まってくることを諸資料から読み取り，どのような課題が起こるかを考察する。	・東京と人口に関する諸資料から関東地方の特色を理解し，課題を理解している。（知技） ・人々を惹きつける首都東京の特色を，諸資料から読み取り，その課題について考察している。（思判表）
3	**◆人口の増加と東京大都市圏の拡大** 都心部への人口集中による地価の上昇と住宅地不足，鉄道網の拡張と農地の開発などで郊外に人々が移り住んだことで，東京大都市圏が形成されていったことを諸資料から読み取り，どのような課題が起こるかを考察する。	・東京大都市圏形成の要因を諸資料から読み取り，関東地方の特色を理解し，課題を理解している。（知技） ・東京大都市圏の拡大に伴う課題について多面的・多角的に考察している。（思判表）
4	**◆人口の集中と産業** ・東京大都市圏に人口が集中することによって，その人々を支える食料生産が近郊農業という形によって盛んに行われていることを理解する。 ・人口増加に伴う地価の上昇と土地不足から，北関東工業地帯を形成したことを諸資料から読み取り，災害発生時にどのような課題が起こるかを考察する。	・関東地方の人々と産業の関係を諸資料から読み取って関東地方の特色を理解し，将来的に起こってくる課題を理解している。（知技） ・首都直下型地震の発生で，多くの人口を支える関東地方の産業にどのような課題が起こるのかを多面的・多角的に考察している。（思判表）
5	**◆人口の偏りに伴う関東地方の課題(1)〜過疎・過密** ・人口が集中することや減少することでどのような課題が起こってくるのかを諸資料から読み取り，過密や過疎の現状を理解する。 ・過疎・過密問題を抱える地域の具体的な課題と対策を理解し，どのようにしていくべきかを考察する。	・過疎，過密地域に関する諸資料から関東地方の地域的特色を読み取り，どのような課題が起こってくるのかを理解している。（知技） ・過疎，過密による影響を予測し，その対策を多面的・多角的に考察し，表現している。（思判表）
6	**◆人口の偏りに伴う関東地方の課題(2)〜防災** 首都直下型地震が起こることによって関東地方の過密地域や過疎地域が受ける影響について多面的・多角的に考察し，よりよい地域へ向けてその対策について構想する。	・関東地方の地域的特色を理解し，地理的事象に関わる諸資料を中心に読み取って課題を理解している。（知技） ・首都直下型地震の際，関東地方の被害予測について多面的・多角的に考察し，表現している。（思判表） ・人口の偏りに伴う課題の解決へ主体的に追究しようとしている。（態度）

授業展開例（第6時）

（1）パフォーマンス課題

> 　東京都の子ども議会に学校を代表して参加することになった私は，東京都の課題と対策をレポートにまとめて議会で発表することになりました。日々何となく考えてはいましたが，部活や習い事が忙しく，なかなか進みません。
>
> 　ある日の1時間目，中学校社会科の授業で関東地方の学習が終盤にさしかかっていました。人口が集中する首都東京を中心に広がる関東大都市圏とその特色，産業や過密の問題など様々なことを学んでいるうちに，ふと思いました。昨今懸念されている大型の「首都直下型地震」が起こったらいったいどうなるのだろうか。今のうちにどのような対策をしておくべきなのでしょうか。
>
> 　そう考えると，いてもたってもいられずに，「首都直下型地震に関する課題と対策」をテーマとして，レポートの作成準備に取りかかろうと思い立ちました。そして，今日の放課後に開かれる生徒会役員の定例会に提案することにしました。
>
> 　そこで，休み時間を利用して手元にある授業で活用した資料やそこで得た知識を基にして，次の項目に沿ってレポートの原案を早急に作成して生徒会メンバーや担当の社会科の先生に意見をもらおうと思います。
>
> ①首都直下型地震が起こると，東京都や関東地方全域にどのような被害が出るのか
> ②その被害を最小限にするために，今からできることはどのようなことがあるのか
>
> 　何とかレポート原案を作成した私は，生徒会役員の定例会に臨みます。まず役員のメンバーで議論をしてその内容を修正したものを社会科の先生に聞いてもらう形になりました。活発に議論をして，今後のレポートの骨子となる原案をつくりあげましょう。

（2）ルーブリックとその文例

	パフォーマンスの尺度（評価の指標）
A	・首都直下型地震によって起こるであろう被害のうち，特に東京（関東地方）に人口が集中しているという地理的事象と関連づけることで浮かびあがる課題を多面的・多角的に考察し，ある程度具体的かつ現実的な対策を提案している。
B	・首都直下型地震によって起こるであろう被害のうち，特に東京（関東地方）に人口が集中しているという地理的事象と関連づけることで浮かびあがる課題を多面的・多角的に考察し，その対策を提案している。
C	・首都直下型地震によって起こるであろう被害と，東京（関東地方）に人口が集中しているという地理的事象とを関連づけた考察になっていない。

（3）授業の流れ

①導入

　冒頭でこれまで学習してきた内容や教科書，地図帳の資料を基に，関東地方は東京を中心として人口が集中しているという特色に加えて，その背景を既習内容から想起させる活動を行う。

②展開

　パフォーマンス課題を提示して取り組ませる。その際，導入で確認した既習内容を活用するよう促していくのだが，首都直下型地震そのものを課題として扱うわけではないことに留意が必要である。あくまでも人口が集中している東京（関東地方）だからこそ，地震の際に起こってくる課題は何なのか，という視点をもつことで，「人口や都市，村落を中核」とした考察を堅持する。「課題」についてまずは個人で短時間考えさせ，後にグループ（生徒会役員定例会）で吟味し，まとめ直したものを全体（教師）へ発表するという姿勢をとる。「対策」について，生徒の多くは「対応」を考えるだろうが，「予防」面にも目を向けさせて，幅を広げたい。

③まとめ

　最終的な自分の意見をワークシートに記入させる。そして，東京都の課題把握や対策の実態を教師から紹介し，本単元の内容を今後も主体的に追究していく意識をもたせる。

評価基準 A の具体例 （ 2 の論述）

（例）予防策

【被害予測】首都機能が集中し，政治，経済，文化，教育などの中心地である東京（23区）には，昼間，働く人や学生など大勢の人が鉄道や道路網を活用して集まってきます。そこで首都直下型地震が起きると，大勢の人々がけがをしたり命を失ったりする可能性が高く，地震によって交通網がマヒしてしまうと，帰宅困難な人が東京に大勢取り残されることになります。

【対策】そこで，東京に集中している首都機能を分散して，そもそも東京に人が集まりすぎないような工夫をしていくことも必要だと思います。例えば，現在も整備されている「新都心」と呼ばれる地方都市に，国会や省庁などの政治機能を移したり，企業の本社や大学なども同じく交通網の整った別の地域に移転したりしていけるような流れをつくって根本的な解決を考えてみてはどうでしょうか。

（例）対応策

【被害予測】上記と同じ

【対策】そこで，けがをしたり，鉄道や自動車による帰宅ができなくなって混乱するであろう大勢の人のために，ホテルや商業施設などが一時的に受け入れたり，食料などを援助する体制をさらに充実させる必要があると思います。また，大量の自転車の貸し出し体制をつくっておけば，ある程度遠くの人も帰宅できるし，交通の混乱も抑えられると思いますがどうでしょうか。

首都直下型地震に伴う課題と対策を考えよう

1 関東地方の特色

★教科書や地図帳の関東地方の人口分布の資料を参考に，関東地方の人口分布の特色をかんたんにまとめ，その背景を，これまで学習してきた内容を活用して答えましょう。

〔特色〕

〔背景〕

2 レポートの作成

　東京都の子ども議会に学校を代表して参加することになった私は，東京都の課題と提案をレポートにまとめて議会で発表することになりました。日々何となく考えてはいましたが，部活や習い事が忙しく，なかなか進みません。

　ある日の1時間目，中学校社会科の授業で関東地方の学習が終盤にさしかかっていました。人口が集中する首都東京を中心に広がる関東大都市圏とその特色，産業や過密の問題など様々なことを学んでいるうちに，ふと思いました。昨今懸念されている大型の「首都直下型地震」が起こったらいったいどうなるのだろうか。今のうちにどのような対策をしておくべきなのでしょうか。

　そう考えると，いてもたってもいられずに，「首都直下型地震に関する課題と提案」をテーマとして，レポートの作成準備に取りかかろうと思い立ちました。そして，今日の放課後に開かれる生徒会役員の定例会に提案することにしました。

　そこで，休み時間を利用して手元にある授業で活用した資料やそこで得た知識を基にして，次の項目に沿ってレポートの原案を早急に作成して生徒会メンバーや担当の社会科の先生に意見をもらおうと思います。

①首都直下型地震が起こると，東京都や関東地方全域にどのような被害が出るのか

②その被害を最小限にするために，今からできることはどのようなことがあるのか

　何とかレポート原案を作成した私は，生徒会役員の定例会に臨みます。まず役員のメンバーで議論をしてその内容を修正したものを社会科の先生に聞いてもらう形になりました。活発に議論をして，今後のレポートの骨子となる原案をつくりあげましょう。

東京都　子ども議会　提出用レポート（中学生用）
「首都直下型地震に関する課題と対策について」

①〔被害予測〕

....

....

....

....

....

②〔対策〕

....

....

....

	パフォーマンスの尺度（評価の指標）
A	・首都直下型地震によって起こるであろう被害のうち，特に東京（関東地方）に人口が集中しているという地理的事象と関連づけることで浮かびあがる課題を多面的・多角的に考察し，ある程度具体的かつ現実的な対策を提案している。
B	・首都直下型地震によって起こるであろう被害のうち，特に東京（関東地方）に人口が集中しているという地理的事象と関連づけることで浮かびあがる課題を多面的・多角的に考察し，その対策を提案している。
C	・首都直下型地震によって起こるであろう被害と，東京（関東地方）に人口が集中しているという地理的事象とを関連づけた考察になっていない。

年　　　組　　　番：氏名

東北地方を活性化させる
イベントを企画しよう

生徒に身につけさせたい力

　「日本の諸地域」では5つの考察の仕方を基とし，空間的相互依存作用や地域などに着目して主題を設けて課題を追究したり解決したりする活動を通して，地域的特色や課題に関する知識を身につけさせたい。加えて，中核となる事象の成立条件を，地域の広がりや地域内の結びつき，人々の対応などに着目して，他の事象やそこで生ずる課題と有機的に関連づけて，多面的・多角的に考察し，表現させていく。

　東北地方は，2011年に起こった東日本大震災からの復興を続けている。震災の教訓を忘れず，また東北地方への関心をもたせ続けることが肝要であると考える。それと同時に，自然環境や伝統的な生活・文化に基づいた産業や祭りなどが，現在の東北地方の特色となっている。この両者を関連づけて東北地方の地域的特色として理解し，持続可能な東北地方について考察していくことで資質・能力を身につけさせていく。

単元の目標

　生活や文化（その他）を中核とした考察の仕方を基にして，東北地方の地域的特色や課題を理解するとともに，地域の広がりや地域内の結びつき，人々の対応などに着目して，他の事象やそこで生ずる課題と有機的に関連づけて多面的・多角的に考察し，表現する。

単元の評価規準

知識・技能
・東北地方について，その地域的特色や地域の課題を理解している。 ・生活や文化（その他）を中核とした考察の仕方で取り上げた特色ある事象とそれに関連する他の事象や，そこで生ずる課題や地域の魅力を理解している。
思考力・判断力・表現力
・東北地方において，生活や文化（その他）を中核に設定した事象の成立条件を，地域の広がりや地域内の結びつき，人々の対応などに着目して，他の事象やそこで生ずる課題と有機的に関連づけて同地方の魅力を多面的・多角的に考察し，表現している。
主体的に学習に取り組む態度
・東北地方について，国家及び社会の担い手としてよりよい社会の実現を視野にそこで見られる課題やその対応を含めた地域の特色を主体的に追究しようとしている。

単元の指導計画

時	主な学習活動	評価
1	**◆東北地方の自然環境と人々の生活** ・東北地方の自然環境について，南北に長く山脈が走り，山間の盆地や海沿いの平地などで構成されていること，緯度が高くて北へ行くほど冬の寒さが厳しいこと，古来より地震や津波の被害を受けてきたことなど地形的，気候的な特色を理解する。 ・東北地方の地形や気候から，地域の人々の生活や課題について考察し，果樹栽培や稲作，漁業と関連づけて理解する。	・東北地方の地形や気候の特色を理解している。（知技） ・東北地方の地形や気候から人々の生活について，多面的に考察し，その他の事象と関連づけている。（思判表）
2	**◆東北地方の伝統行事と農業** ・東北三大祭りをはじめとする伝統的な祭りや行事について諸資料からその特色を読み取り，豊作や健康を願ったりよりよい生活習慣を身につけたりする意味があることを理解する。 ・伝統的な祭りや行事には人々のどのような思いが込められているのかを多面的・多角的に考察し，よりよく生きていくための願いが込められていることを理解する。	・東北地方の伝統的な祭りや行事に込められた思いを理解している。（知技） ・東北地方の伝統的な祭りや行事にどのような思いが込められているのかを多面的・多角的に考察している。（思判表）
3	**◆東北地方の生活と工業** ・東北地方では，地域的特色を生かした素材や技法などを用いた伝統工芸品がつくられていることを理解する。 ・東北地方の伝統産業の課題と最近の変化を通して，今後伝統工芸品の抱える課題をどのように解決していくべきかを考察する。	・東北地方の工業の特色と変化について理解している。（知技） ・東北地方の伝統工芸品の抱える後継者不足などの課題に対して多面的・多角的に考察している。（思判表）
4	**◆東北地方と災害の教訓** ・東北地方が，地形的な特色から歴史的に津波の被害を受けてきたことを理解し，東日本大震災の際の被害の概要を資料から読み取って理解する。 ・東北地方の人々が過去の教訓を「石碑」や「津波てんでんこ」といった伝承などから読み取るとともに，被災直後と復興した後の街並みを比較して，よりよい地域へ向けた工夫について考察する。	・東北地方の災害の歴史と現状から，災害に対する考え方を理解している。（知技） ・東北地方の人々の，災害を乗り越えてどのような地域をつくろうとしているのかを多面的・多角的に考察している。（思判表）
5	**◆東北地方の特色を生かしたイベントを考えよう** ・東北地方の地域的特色をまとめる。 ・協働学習を通して自然環境，産業と伝統的な生活や文化を活用して東北地方を活性化させるイベントを考察する。	・東北地方活性化イベントの企画を，地域的特色を生かして多面的・多角的に考察し，その結果を表現している。（思判表） ・よりよい東北地方について主体的に追究しようとしている。（態度）

授業展開例（第5時）

（1）パフォーマンス課題

> 　東日本大震災によって，東北地方では大きな被害が出てしまいました。現在，東北地方は東日本大震災からの復興途上にあります。
>
> 　あなたは東北地方で生まれ育った東北地方の中学生です。東北地方の様々な特色を学ぶとともに，被害を受けた当時のことを知るにつれて，自分も何かできないかと考え，学校や地域をよりよくするボランティア活動や祭りなどのイベントに参加する日々を送っていました。
>
> 　そんなあなたの活動が，あるイベント会社の目に留まり，連絡が入りました。それは次のような内容です。
>
> 　「東北地方は産業基盤の復旧や住宅の再建などが進み，復興しつつあると言えます。しかし，持続可能な東北地方にしていくためには今以上に活気づけていく必要があります。そのためにも，被害の大きかった岩手県，宮城県，福島県だけではなく，青森県，秋田県，山形県を含む東北地方全体の特色を生かしたイベントを企画したいと考えています。中学生の目線から，子どもたちにとって魅力ある，東北地方の特色を生かしたイベント案を考えてもらえないでしょうか。できれば，東北地方の人たちに誇りをもってもらえるようなものになるといいと思っています」
>
> 　東北地方の自然環境や産業，文化や生活の特色を凝縮したイベントを企画し，よりよい東北地方の実現に貢献しましょう。

（2）ルーブリックとその文例

	パフォーマンスの尺度（評価の指標）
A	・東北地方を活気づけるイベントの企画を，東北地方の生活・文化，自然，産業などを生かして東北地方の魅力を多面的・多角的に考察し，よりよい東北地方に向けてその内容をある程度具体的かつわかりやすい文章で表現している。
B	・東北地方を活気づけるイベントの企画を，東北地方の生活・文化，自然，産業などを生かして多面的・多角的に考察し，その内容をある程度具体的かつわかりやすい文章で表現している。
C	・東北地方の生活・文化，自然，産業などを生かした企画案になっていない。また，考察の内容が「東北地方を活気づける」（「よりよい東北地方」）という趣旨に合っていない。

（3）授業の流れ

①導入

　冒頭で，これまで授業で学んできた東北地方の「自然環境」「伝統行事と農業」「生活と工業」「災害の教訓」について，東北地方の「生活・文化」を意識させながらまとめさせる。
※先にパフォーマンス課題を提示し，イベントに活用できそうなものをまとめる形でもよい。

②展開

　パフォーマンス課題を提示して取り組ませる。単純に，特産物をアピールするようなイベント内容でも構わないが，複数の特色を組み合わせたイベント企画ができるよう促すことで，地域の特色を最大限に生かそうとする姿勢を引き出す。また，楽しいばかりではなく，災害について学ぶこともイベントになり得ることをアドバイスしてもよい。最初は個人で考え，後にグループで議論をしながら考えをまとめ，最後は全体発表を行う。教師は発表された内容について，「パフォーマンスの尺度」に沿ってアドバイスを送る。

③まとめ

　最終的な自分の意見をワークシートに記入させる。そして，現在の東北地方の復興状況を東北復興局のHPなどで事前に調査して生徒に伝え，今後も東北地方の復興に関心をもち，主体的に追究していく姿勢をもたせる。

評価基準Aの具体例（2の論述）

　（例）東北地方の伝統的な祭りや産業を凝縮したイベントを開催してはどうでしょうか。東北地方でよりよい地域の発展を願って催されてきたねぶた祭や竿燈まつりなどの伝統的な祭りが各地で行われています。これらを一か所に集めたイベントを各地で開催し，そこで東北地方の自然環境を生かした果物である青森県のリンゴや山形県のさくらんぼや福島県の桃を使ったスイーツを提供します。また，東北産の米と，東北の海で取れた魚介類を使った魚介丼を伝統工芸品である大館まげわっぱに詰めて提供する屋台を出すなど，東北地方の魅力を一度に体験してもらう，このようなイベントを実現してみてはどうでしょうか。

　（例）東北地方の「津波てんでんこ」といった伝統的な言葉をはじめ，津波の歴史を学ぶためのイベントを企画してはどうでしょうか。まずは震災の教訓を伝える「石碑」や，実際に東日本大震災の被災の爪痕が残る地域の訪問を行います。そして，その対策として陸前高田市のように，かさ上げされて復興した住宅街や復興した三陸鉄道などを，震災当時の写真などと比較しながら直接見学してもらいます。そして，災害への備えの大切さを学ぶ形で，大きな災害にあっても立ちあがってくる東北地方の人々の強さに触れてもらい，東北地方の魅力をアピールしてはどうでしょうか。

東北地方を活性化させるイベントを企画しよう

1 東北地方の特色

	東北地方の特色
自然環境	
伝統行事と農業	
生活と工業	
災害の教訓	

2 東北地方のイベント企画

　東日本大震災によって，東北地方では大きな被害が出てしまいました。現在，東北地方は東日本大震災からの復興途上にあります。あなたは東北地方で生まれ育った東北地方の中学生です。東北地方の様々な特色を学ぶとともに，被害を受けた当時のことを知るにつれて，自分も何かできないかと考え，学校や地域をよりよくするボランティア活動や祭りなどのイベントに参加する日々を送っていました。そんなあなたの活動が，あるイベント会社の目に留まり，連絡が入りました。それは次のような内容です。

　「東北地方は産業基盤の復旧や住宅の再建などが進み，復興しつつあると言えます。しかし，持続可能な東北地方にしていくためには今以上に活気づけていく必要があります。そのためにも，被害の大きかった岩手，宮城県，福島県だけではなく，青森県，秋田県，山形県を含む東北地方全体の特色

を生かしたイベントを企画したいと考えています。中学生の目線から，子どもたちにとって魅力ある，東北地方の特色を生かしたイベント案を考えてもらえないでしょうか。できれば，東北地方の人たちに誇りをもってもらえるようなものになるといいと思っています」

東北地方の自然環境や産業，文化や生活の特色を凝縮したイベントを企画し，よりよい東北地方の実現に貢献しましょう。

【東北地方を活気づけるためのイベント案】

	パフォーマンスの尺度（評価の指標）
A	・東北地方を活気づけるイベントの企画を，東北地方の生活・文化，自然，産業などを生かして東北地方の魅力を多面的・多角的に考察し，よりよい東北地方に向けてその内容をある程度具体的かつわかりやすい文章で表現している。
B	・東北地方を活気づけるイベントの企画を，東北地方の生活・文化，自然，産業などを生かして多面的・多角的に考察し，その内容をある程度具体的かつわかりやすい文章で表現している。
C	・東北地方の生活・文化，自然，産業などを生かした企画案になっていない。また，考察の内容が「東北地方を活気づける」（「よりよい東北地方」）という趣旨に合っていない。

年　　　組　　　番：氏名

北海道地方の自然環境をテーマとした 修学旅行プランを提案しよう

生徒に身につけさせたい力

　「日本の諸地域」では5つの考察の仕方を基とし，空間的相互依存作用や地域などに着目して主題を設けて課題を追究したり解決したりする活動を通して，地域的特色や課題に関する知識を身につけさせたい。加えて，中核となる事象の成立条件を，地域の広がりや地域内の結びつき，人々の対応などに着目して，他の事象やそこで生ずる課題と有機的に関連づけて多面的・多角的に考察し，表現させていく。北海道地方は，一つの都道府県で構成されているにもかかわらず，日本最大の面積を誇る地方であり，貴重かつ広大な自然が残されている。また，その気候風土を生かした農業や観光業が大変盛んであり，自然環境と人々の関わりが大変色濃い地域であると言える。ここでは北海道地方の厳しい自然環境に伴う課題はもちろん，その課題に対応してきた人々の営みも含めて，同地方の魅力を生徒自ら発見し，まとめる活動を行うことを通して，単元末のパフォーマンス課題に取り組ませていく。

単元の目標

　自然環境を中核とした考察の仕方を基にして，北海道地方の地域的特色や課題を理解するとともに，地域の広がりや地域内の結びつき，人々の対応などに着目して，他の事象やそこで生ずる課題と有機的に関連づけて多面的・多角的に考察し，表現する。

単元の評価規準

知識・技能
・北海道地方について，その地域的特色や地域の課題を理解している。 ・自然環境を中核とした考察の仕方で取り上げた特色ある事象とそれに関連する他の事象や，そこで生ずる課題や地域の魅力を理解している。
思考力・判断力・表現力
・北海道地方において，自然環境を中核に設定した事象の成立条件を，地域の広がりや地域内の結びつき，人々の対応などに着目して，他の事象やそこで生ずる課題と有機的に関連づけて同地方の魅力を多面的・多角的に考察し，表現している。
主体的に学習に取り組む態度
・北海道地方について，国家及び社会の担い手としてよりよい社会の実現を視野にそこで見られる課題やその対応を含めた地域の魅力を主体的に追究しようとしている。

単元の指導計画

時	主な学習活動	評価
1	**◆北海道地方の自然環境と歴史** ・北海道地方が日本最大の面積を誇り，知床や釧路湿原など貴重かつ広大な自然が残されていることを理解し，その魅力を発見する。 ・冬場の気温が低く，積雪や流氷が見られるような気候であることを理解する。自然環境の特色を理解し，その魅力を見いだす。 ・アイヌによる独特の文化を理解する。	・北海道地方の自然環境を示す諸資料を活用してその特色を理解している。（知技） ・北海道地方の特色ある自然環境から，その魅力について，多面的・多角的に考察して価値判断を行っている。（思判表）
2	**◆北海道地方の自然環境と人々の工夫(1)** ・北海道地方の住宅の造りや信号機の形，ロードヒーティングなど，冷涼な気候への対策を諸資料から読み取り，人々の工夫を発見する。 ・石狩平野での客土や品種改良など，稲作にかける人々の工夫や思いを理解し，その魅力を見いだす。	・北海道地方の冷涼な自然環境（課題）の実態やそれに関連する人々の工夫について理解している。（知技） ・自然環境に適応した北海道地方の人々の工夫から魅力を見いだしている。（思判表）
3	**◆北海道地方の自然環境と人々の工夫(2)** ・札幌雪祭りや釧路湿原のエコツーリズムなど，自然環境を生かした観光業について理解し，その魅力を見いだす。また，観光業の発展に伴う環境破壊という課題と人々の対応について理解する。 ・十勝平野の畑作や根釧台地の酪農を通して，同地方の気候や土壌などを活用した第一次産業について理解し，魅力を見いだす。	・北海道地方の自然環境の実態やそれに伴う課題，関連する人々の工夫について理解している。（知技） ・自然環境に適応した北海道地方の人々の工夫から魅力を見いだしている。（思判表）
4	**◆北海道地方の自然環境と人々の工夫(3)** ・強い風や津波，火山などによる自然の脅威について，諸資料を通して理解する。 ・時に脅威となる自然を，風力発電，豊富な漁業資源，温泉や地熱発電として利用するなど自然の恩恵を生かしながら生活している人々の姿勢を理解し，北海道地方の魅力を見いだす。	・北海道地方の様々な自然環境（課題）の実態やそれに関連する人々の工夫について理解している。（知技） ・自然環境に適応した北海道地方の人々の工夫から魅力を見いだしている。（思判表）
5	**◆北海道地方の自然環境の魅力を生かした旅行計画** ・これまで身につけてきた北海道地方の特色に関する知識を活用して，魅力ある「修学旅行プラン」を主体的に立てることで北海道の魅力（特色）について多面的・多角的に考察する。 ・この活動を通して，持続可能な北海道地方の姿に気づく。	・北海道地方の様々な自然環境（課題）の実態やそれに関連する人々の工夫について理解している。（知技） ・自然環境や人々の対応などに着目して北海道地方の魅力について多面的・多角的に考察している。（思判表） ・学習課題に対するよりよい考えをつくろうとしている。（態度）

授業展開例（第5時）

（1）パフォーマンス課題

> 　あなたの中学校では，毎年北海道地方への修学旅行が行われていました。先輩たちの話を聞いて，修学旅行を来年に控えた中学校2年生であるあなたは，とても楽しみにしていました。
>
> 　ある日の総合的な学習の時間，担任の先生からこう告げられました。
>
> 「来年の北海道修学旅行のことですが，あなたたちに旅行プランを考えてもらい，そのいくつかの案を採用して実際の修学旅行プランに組み込もうと考えています。自分の考えを修学旅行に反映させるためにも頑張って考えてください。テーマは次の通りです。
>
> 　①自然環境をテーマとして北海道の魅力を満喫できるものを考えること
>
> 　②地図を使って，どこからどのように移動するのかを大まかに示すこと
>
> 　③【説明】で1～3日目の行程が自然環境とどう関連しているのかを説明すること
>
> 　また，時期は春夏秋冬いずれかのうち好きな季節を自ら設定し，費用の心配はしなくても大丈夫です。あくまでプランですので，以上の条件の枠内で，気軽に考えてください。最後は先生たちでまとめますので安心してくださいね」
>
> 　楽しみにしていた北海道修学旅行のプランを自分たちで決められるかもしれないとあって，わくわくする気持ちがさらに高まるのが自分でもわかりました。まずは社会科の授業で学んだ「自然環境をテーマとした北海道地方の特色」を見直すことにします。様々な視点から北海道地方の魅力を再発見し，2泊3日の修学旅行をどこでどのように過ごすのか，あなた独自のプランの土台をつくっていくことにするのでした。

（2）ルーブリックとその文例

	パフォーマンスの尺度（評価の指標）
A	・修学旅行プランの内容が，授業で学んだことを中心に地図を含めた北海道地方の自然環境と関連づけられた多様な魅力で具体的に構成され，北海道地方のよさも含めて，どこの魅力があるのかがわかりやすく提示されている。
B	・修学旅行プランの内容が，授業で学んだことを中心に地図を含めた北海道地方の自然環境と関連づけられた多様な魅力である程度具体的に構成され，どこに魅力的があるのかが提示されている。
C	・北海道地方の修学旅行プランが，授業で学んだ自然環境と関連づけられていない。また，そのプランのどこに魅力を見いだしているかが適切に表現されていない。

（3）授業の流れ

　冒頭で，これまで活用してきた景観写真や地図，グラフなどから北海道の自然環境とその魅力を既習内容から想起させる活動を行う。

　パフォーマンス課題を提示して取り組ませる。その際，導入で確認した既習内容を活用するよう促していく。あくまで自然環境をテーマとした修学旅行プランを計画することが評価につながること，地図の活用にも留意させる。課題についてまずは個人で短時間考えさせ，後にグループで吟味し，まとめ直したものを全体へ発表するという姿勢をとる。

　最終的な自分の修学旅行計画をワークシートに記入させる。そして，北海道地方のよさに改めて気づいたことも含めて最終的なプランを多面的・多角的に考察させる。

評価基準Aの具体例（2の論述）

（例）季節：冬

　～旅のテーマ：「気候と北海道」

　1日目：網走の流氷を見学

　2日目：富良野のスキー場でスキー体験

　3日目：札幌で街並みや雪祭りを見学

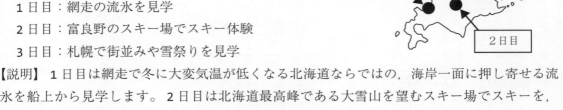

【説明】　1日目は網走で冬に大変気温が低くなる北海道ならではの，海岸一面に押し寄せる流氷を船上から見学します。2日目は北海道最高峰である大雪山を望むスキー場でスキーを，3日目は札幌へ移動して地元の人々が雪を利用して作成したモニュメントを見学しつつ，北海道ならではの家や信号機の構造，ロードヒーティングなどを見学します。厳しい冬の気候を乗り越え，工夫を加えて北海道の魅力を満喫する3日間を過ごします。

（例）季節：夏（冬以外）

　～旅のテーマ：「自然と向き合う北海道の人々」

　1日目：石狩平野（札幌郊外）で稲作体験

　2日目：カヌーで釧路湿原を下り，根釧台地で酪農体験

　3日目：十勝平野（帯広）で畑作体験

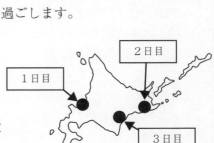

【説明】　1日目と3日目はそれぞれの土地でグリーンツーリズムを実施します。石狩平野で客土や品種改良の末に成り立ってきた稲作を，十勝平野では火山灰地と冷涼な気候を逆に利用したジャガイモなどの畑作を，地域の人々の知恵と工夫を感じながら体験し，地域の食材をおいしくいただきます。また，2日目は釧路湿原では美しい自然をカヌーで満喫しながらエコツーリズムを，続けて根釧台地の火山灰の土壌と涼しい気候ならではの酪農体験をしておいしい乳製品をいただきます。人々の努力の結晶を満喫する3日間です。

北海道の自然環境をテーマとした修学旅行プランを提案しよう

1 北海道地方の自然環境と魅力

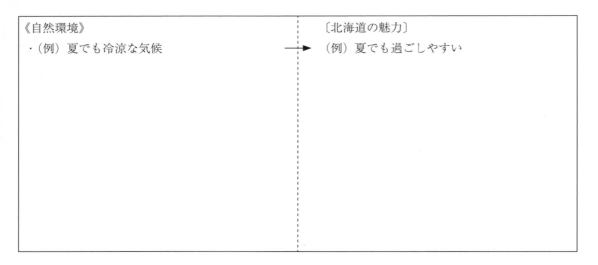

《自然環境》
・（例）夏でも冷涼な気候 → 〔北海道の魅力〕
（例）夏でも過ごしやすい

2 修学旅行プランの作成

　あなたの中学校では，毎年北海道地方への修学旅行が行われていました。先輩たちの話を聞いて，修学旅行を来年に控えた中学校2年生であるあなたは，とても楽しみにしていました。

　ある日の総合的な学習の時間，担任の先生からこう告げられました。

「来年の北海道修学旅行のことですが，あなたたちに旅行プランを考えてもらい，そのいくつかの案を採用して実際の修学旅行プランに組み込もうと考えています。自分の考えを修学旅行に反映させるためにも頑張って考えてください。テーマは次の通りです。

①自然環境をテーマとして北海道の魅力を満喫できるものを考えること

②地図を使って，どこからどのように移動するのかを大まかに示すこと

③【説明】で1～3日目の行程が自然環境とどう関連しているのかを説明すること

　また，時期は春夏秋冬いずれかのうち好きな季節を自ら設定し，費用の心配はしなくても大丈夫です。あくまでプランですので，以上の条件の枠内で，気軽に考えてください。最後は先生たちでまとめますので安心してくださいね」

　楽しみにしていた北海道修学旅行のプランを自分たちで決められるかもしれないとあって，わくわくする気持ちがさらに高まるのが自分でもわかりました。まずは社会科の授業で学んだ「自然環境をテーマとした北海道地方の特色」を見直すことにします。様々な視点から北海道地方の魅力を再発見し，2泊3日の修学旅行をどこでどのように過ごすのか，あなた独自のプランの土台をつくっていくことにするのでした。

「自然環境に触れる」をテーマとした北海道修学旅行プラン

季節

［ 春 夏 秋 冬 ］

旅のテーマ【　　　　　　　　　　　　　　　　　　　　】

【1日目】
‥‥‥
‥‥‥

【2日目】
‥‥‥
‥‥‥

【3日目】
‥‥‥

【趣旨説明】

	パフォーマンスの尺度（評価の指標）
A	・修学旅行プランの内容が，授業で学んだことを中心に地図を含めた北海道地方の自然環境と関連づけられた多様な魅力で具体的に構成され，北海道地方のよさも含めて，どこの魅力があるのかがわかりやすく提示されている。
B	・修学旅行プランの内容が，授業で学んだことを中心に地図を含めた北海道地方の自然環境と関連づけられた多様な魅力である程度具体的に構成され，どこに魅力的があるのかが提示されている。
C	・北海道地方の修学旅行プランが，授業で学んだ自然環境と関連づけられていない。また，そのプランのどこに魅力を見いだしているかが適切に表現されていない。

年　　　　組　　　　番：氏名

137

我が町の町会長となって，課題の解決を提言しよう

生徒に身につけさせたい力

　本単元は，大項目C「日本の様々な地域」を4つに分ける中項目の中で最後に学習するもので地理的分野の最後を締めくくる単元である。ここでは，空間的相互依存作用，地域などに関わる視点に着目して，地域の在り方を地域的特色や地域の課題と関連づけて多面的・多角的に考察し，表現する力を育成することを主なねらいとしている。

　また，そうした学習の全体を通して，課題解決の取組や課題解決に向けて構想したことを適切に表現する手法を理解できるようにすることも求められている。地理的分野最後の単元として，既習の知識，概念や技能のすべてを生かすとともに，地域の課題を見いだし考察するなどの社会参画の視点を取り入れた探究的な地理的分野の学習のまとめを展開したい。

　こうした学習を通して，主権者として，地域社会の形成に参画し，その発展に努力しようとする態度を養いたい。

単元の目標

　空間的相互依存作用や地域などに着目して地域の実態や課題解決のための取組や地域的な課題の解決に向けて考察，構想したことを適切に説明，議論してまとめる手法について理解するとともに，地域の在り方を，地域の結びつきや地域の変容，持続可能性などに着目し，そこで見られる地理的な課題について多面的・多角的に考察，構想し，表現し，主権者として，地域社会の形成に参画し，その発展に努力しようとする態度を養う。

単元の評価規準

知識・技能
・地域の実態や課題解決のための取組や地域的な課題の解決に向けて考察，構想したことを適切に説明，議論してまとめる手法について理解している。
思考力・判断力・表現力
・地域の在り方を，地域の結びつきや地域の変容，持続可能性などに着目し，そこで見られる地理的な課題について多面的・多角的に考察，構想し，表現している。
主体的に学習に取り組む態度
・主権者として，地域社会の形成に参画し，その発展に努力しようとする態度を養おうとしている。

単元の指導計画

時	主な学習活動	評価
1	**◆課題の把握** これまでの地理学習全体を振り返り，全国で広く課題となっている現象を整理し，地域の課題の一般的共通性と地方的特殊性に気づき，追究していく地域の課題を設定する。	・これまでの地理学習全体を振り返り，全国で広く課題となっている現象を整理していく中で，地域の実態や課題解決のための取組について理解している。（知技）
2	**◆対象地域の把握** 対象地域を決定し，その地域の実態を中項目(1)地域調査の手法で身につけた知識や技能を活用して明らかにしていく。また，実態を把握していくための手順について検討する。	・中項目(1)地域調査の手法で身につけた知識や技能を活用して地域的な課題の解決に向けて考察，構想したことを適切に説明，議論してまとめる手法について理解している。（知技）
3	**◆課題の要因の考察** 調査結果を分析したりこれまでの地理学習の中で学んできた地域で類似した地域との比較をしたりして，課題の要因を探っていく。	・地域に見られる課題を，調査結果を分析したりこれまでの地理学習の中で学んできた地域で類似した地域との比較をしたりして，多面的・多角的に考察している。（思判表）
4	**◆課題の解決に向けた考察** 課題の要因を取り除く手立てを提案したり，先進的な地域の取組に学んだり，先例にとらわれない新しい理念を打ち立てたりするなどの方法で，課題の解決の手立てを考察，構想する。	・地域の在り方を，地域の結びつきや地域の変容，持続可能性などに着目し，そこで見られる地理的な課題について適切な方法を用いて多面的・多角的に考察，構想している。（思判表）
5	**◆構想の成果発表** 構想した成果を，発表用ソフトを活用して発表したり，図表入りの報告書にまとめたり，ビデオレター（動画）を作成して上映したりするなど，わかりやすく伝える方法を検討して発表する。	・地域の在り方を，地域の結びつきや地域の変容，持続可能性などに着目し，そこで見られる地理的な課題について多面的・多角的に考察，構想し，適切な方法を用いて表現している。（思判表）

授業展開例（第5時）

（1）パフォーマンス課題

> 　あなたは○○町の町会長です。あなたは近年，災害時における地域の課題がよく話題となっていることに関心をもちました。調べていくと地域で起こり得る災害には地震や津波，火山の噴火など様々な自然災害があり，その自然災害が起きたことからまた様々な災害につながっていくという構図がわかり，また，地域に様々な課題があり，ひとたび災害が起こったときには，その被害が大きくなってしまう地域が多いことがわかりました。
>
> 　あなたは，我が町にも同様のことが言えるのではないかと考え，我が町を対象にして自然災害とその被害を追究していくと，日本各地に広く当てはまる課題や我が町ならではの課題が見えてきました。そこであなたは，我が町における自然災害やその被害について追究し，課題の解決に向けての対策を考えようと決意し，行動を始めるのでした。
>
> 　さっそくあなたは，我が町の自然災害やその被害に関する実態を調査し，調査結果を分析して，課題の要因を探っていきました。そして，課題の要因を取り除く手立てを提案したり，先進的な地域の取組に学んだり，先例にとらわれない新しい理念を打ち立てたりするなどの方法で，課題の解決の手立てを考察，構想しました。
>
> 　あなたは，構想した結果をスライドにまとめ，町会の会合で発表するのでした。あなたの発表は町民たちに防災の重要性を理解させ，様々な意見や考えが湧いてきました。その日の町会はいつになく活発なものとなり，有意義な会となりました。
>
> 　自宅に戻った町長は，その議論の内容も含めながら自身の構想を改めて提言書にまとめ，今度は市長に提言したのでした。

（2）ルーブリックとその文例

	パフォーマンスの尺度（評価の指標）
A	◆B評価の基準を満たしたうえで，より多面的・多角的な視点が加わっている。
B	◆以下の3つの観点について，おおむね満足な表現である。 ・地域の実態や課題解決のための取組や地域的な課題の解決に向けて考察，構想したことを適切に説明，議論してまとめる手法について理解している。 ・地域の在り方を，地域の結びつきや地域の変容，持続可能性などに着目し，そこで見られる地理的な課題について多面的・多角的に考察，構想し，表現している。 ・主権者として，地域社会の形成に参画し，その発展に努力しようとする態度を養っている。
C	◆B評価の基準を満たしていなく，それぞれの観点について不十分な点が見られたり，3つの観点のどれかに大きな不十分な点が見られたりする。

第5時の発表や提言書を評価材料として評価する。

（3）授業の流れ

単元の冒頭で提示したパフォーマンス課題とルーブリックを再度提示して，学習の整理に入る。前時までの4時間を振り返り，課題の分析や課題解決の構想を確認させる。

1の課題にしたがって，学習の成果を発表用に整理していく。調査の動機，調査の目的，調査の方法，調査の内容と結果の考察，感想や今後の課題，参考資料等の6つの項目で整理させる。各項目の記載にあたっては，中学校学習指導要領解説社会編にある記載やB評価の具体例（記述のポイント）を示して，記載する事項を理解させる。

この課題が完成したら**2**のスライドづくりに入る。ここでは掲載する情報を，重要度を基準にして精選し，情報過多にならないよう配慮させる。また，わかりやすく伝える方法を意識させて彩色やデザイン，レイアウトの工夫もさせる。発表用ソフトを使用する場合は，PCを活用しての作業も並行して行う。また，同時に発表原稿も作成させ，提示する内容と口頭で発表する内容とを吟味させる。

完成した成果物を活用して発表会を行う。学級全体が無理な場合はグループ内で発表し合い，相互に評価し合うことが重要である。また，発表を踏まえて提言書を作成することも有効である。

評価基準Bの具体例（**2**の論述）

以下の6つの観点を記載させ，その内容をルーブリックに照らして評価する。これらの記述の中にルーブリックに照らしてより充実した内容となっていればA評価，逆に不十分な点が見受けられるものについてはC評価となる。

・調査の動機：我が国全体で防災に関する意識が高まっていることや，自然災害が多い国土であることに着目して防災に対する重要性を指摘し，対象地域においても重要な課題となることを指摘している。

・調査の目的：全国的に見られる被害が，対象地域にも起こり得る危険性があることや，その課題の解決が地域の人々の安心・安全な生活にとって重要であることから課題の追究が必要であることを述べている。

・調査の方法：調査項目や調査方法などを具体的に述べている。

・調査の内容と結果の考察：調査の中から見えてきた対象地域における具体的な課題やその要因を，図表などを用いながら自身の解釈も加えて具体的に示し，それをもとに課題の解決策を考察，構想し，表現している。

・感想や今後の課題：調べてわかったことに対して自身が感じたことや考えたことを具体的に記述するとともに，さらに深めていきたい課題などについて述べている。

・参考資料など：活用した参考資料などについて明確に記述している。

我が町の町会長となって，課題の解決を提言しよう

1　成果発表の準備

★構想した内容を6つのポイントに整理し，発表の準備をしましょう。

調査の動機	
調査の目的	
調査の方法	
調査の内容 と 結果の考察	
感想や 今後の課題	
参考資料 など	

2 構想の成果発表

★ **1** で整理したことを基に，発表で使用するスライド（フリップ）の構成を考えましょう。

スライド**1**：調査の動機（タイトルを含む）	スライド**2**：調査の目的

スライド**3**：調査の方法	スライド**4**：調査の内容と結果の考察

スライド**5**：感想や今後の課題	スライド**6**：参考資料など

★スライドに合わせた発表原稿も，別途作成しておきましょう。

年　　　組　　　番：氏名

【編著者紹介】

中野　英水（なかの　ひでみ）

1970（昭和45）年，東京生まれ。東京都板橋区立赤塚第二中学校主幹教諭。1993（平成5）年，帝京大学経済学部経済学科卒業。東京都公立学校準常勤講師，府中市立府中第五中学校教諭を経て，2013（平成25）年から現職。東京都教育研究員，東京都教育開発委員，東京教師道場リーダー，東京方式1単位時間の授業スタイル作成部会委員，東京都中学校社会科教育研究会地理専門委員会委員長を歴任。現在，東京都中学校社会科教育研究会事務局長，全国中学校社会科教育研究会事務局次長，関東ブロック中学校社会科教育研究会広報副部長，東京都教職員研修センター認定講師，日本社会科教育学会会員。

【執筆協力者】

鈴木　拓磨（すずき　たくま）

東京都豊島区立千登世橋中学校
執筆担当：事例4～9，11～21

中学校社会サポートBOOKS

パフォーマンス課題を位置づけた
中学校地理の授業プラン&ワークシート

2021年5月初版第1刷刊	©編著者	中　野　英　水	
2022年11月初版第3刷刊	発行者	藤　原　光　政	

発行所　明治図書出版株式会社
http://www.meijitosho.co.jp
（企画・校正）赤木恭平
〒114-0023　東京都北区滝野川7-46-1
振替00160-5-151318　電話03(5907)6701
ご注文窓口　電話03(5907)6668

＊検印省略　　　組版所　株式会社アイデスク

Printed in Japan　　　　ISBN978-4-18-350627-6
もれなくクーポンがもらえる！読者アンケートはこちらから →